東田雅博

大英帝国と中国の幻影
柳模様の世界史

大修館書店

初代ジョサイア・スポードが作ったとされる初期の柳模様。
1790年頃の作品だという

まえがき

柳模様 willow pattern と呼ばれる、中央に柳を置き、愛をささやきあうかのごとく空を飛ぶつがいのキジ鳩やマンダリン（中国の高級官吏）の館、その館を取り巻くジグザグのフェンス、さらに中国風の橋の上を歩く、もしくは走るように見える三人の人物などを周辺に配した陶磁器の文様がある。いかにも中国風の文様である。この文様は、マンダリンの美しい娘とマンダリンに仕えた若い書記との許されざる悲恋の物語を表しているともいわれている。

この文様は、一八世紀末にイギリスで案出されたもので、一七、八世紀の中国ブーム＝シノワズリー chinoiserie の産物である。この中国ブームは一九世紀の初頭には終わるのだが、柳模様は一九世紀中はもちろん、ごく最近までイギリス社会でもてはやされていた。ロンドンの自称世界一の骨董市、ポートベロー・マーケットの陶磁器を扱う骨董屋に行けば、様々な柳模様の陶磁器があふれ、かの王室御用達のデパート、ハロッズにも高級感のある柳模様が鎮座していたのである。もちろん、地方にも柳模様はあった。インターネットの世界でも柳模様の人気を容易に確認できる。柳模様物語を子供向けに翻案した絵本を本屋で買うこともできる。
イギリスの人々は、非常に長い間この柳模様に慣れ親しんできた。それゆえ、一九世紀のイギリスを舞台にした映画を見ると壁に柳模様が飾られているし、もちろん小説にも登場する。イギリスの人々には、柳模様といえば中国だし、中国といえば柳模様であった。そういう時代が、少なくともかなり最近まであった。

『日本奥地紀行』(高梨健吉訳、平凡社東洋文庫、一九七三年)で日本でも有名な、ヴィクトリア時代の旅行家、イザベラ・バードは一八九九年に出版された『中国奥地紀行』(金坂清則訳、平凡社東洋文庫、二〇〇二年)のなかで次のように述べている。

実際、私は中国的な風景とか中国的な建造物とはどのようなものなのかについての先入観を毎日のように捨てていった。読者の方々も、もし柳模様の描かれた大皿からイメージするような先入観をおもちだとしたら、そんなものは本書を読み終えるまでに捨てていただければと思う。(『中国奥地紀行1』三四六頁。一部改訳)

この一文が書かれたのは一九世紀末のことだが、その頃のイギリスの人々は中国を柳模様の色眼鏡で見てしまう傾向があったということである。実際この柳模様は、以下に述べるようにイギリスの人々に大きな影響を与えてきた。とすれば、柳模様がイギリス社会に与えてきた影響とはどのようなものであったのか、またなにゆえに今日に至るまで長く人気を得てきたのかを考えることは、きわめて興味深い問題であろう。ところが、今日に至るまでそのような問題が取り上げられることはなかった。しかしながら、柳模様というこの陶磁器の文様は、近代イギリスの中国イメージを考える場合、ある意味では根底的な重要性を持つものだったのである。

通説的には、近代イギリスの中国イメージは、一八世紀から一九世紀にかけて大きく変化することになっている。慈悲深く、徳の高い皇帝の統治を讃えるイエズス会の報告を基礎にした、きわめて肯定的な中国イメージから、一九世紀の退化、停滞などを基調とする、きわめて否定的な中国イメージへと変化するというのである。そうした変化があったことについては否定できないが、それで話は終わりではない。こうした変化とは別に、イギリスの人々を捉え続けていた中国イメージがあったのである。

柳模様は、そこに悲恋の物語が描かれている文様であるというにとどまらない。イギリスの人々は、そこにある種の中国イメージを見いだしていたのである。つまり、柳模様は、これから本書で縷々述べることになる、ある種の中国イメージを体現していたのである。しかし、こうしたイメージの存在とその意義は、これまで見逃されてきたのであった。それには理由があった。その理由はいずれお話しする。

本書は、この、これまで見過ごされきた柳模様を中心とする中国イメージについて、私の柳模様を求めての旅を絡ませながら語ろうとするものである。

柳模様は、日本とも関わりが深い。かつて日本でも各地で柳模様が生産されていた。筆者が住む金沢のお隣の松任《まっとう》（現在白山市）には、いまでも柳模様の陶磁器（正確には硬質陶器）を生産しているメーカーがある。ただし、柳模様については日本ではあまり知られていない。実のところ、陶磁器の専門家や研究者でさえ、あまりよく分かっていないようである。のちほど紹介するが、日本の代表的な陶磁器の大辞典も、柳模様とその物語を正しくは伝えていない。

柳模様の世界史　目次

柳模様との出会い

柳模様との出会い、といいながら、正確にいつ、どのように出会ったのかについては、私自身にも実はよく分からない。文献としては、レーモンド・ドーソンの『ヨーロッパの中国文明観』（田中正美他訳、大修館書店、一九七一年）に「柳模様の世界」と題された章がある。この文献は、ヨーロッパの中国観を考える場合の必読文献である。「柳模様の世界」と題するくらいだから、もちろん柳模様について触れているし、後で取り上げるヒュー・オナーの名著『シノワズリー―カタイの幻影』（一九六一年。欧文文献については巻末の引用文献一覧を参照）から、オナーの柳模様に関する子供の頃のエピソードを引用したりしている。筆者も近代イギリスのアジア・イメージの研究のためにこれを読んだ。ところが、『ヨーロッパの中国文明観』には柳模様の図版が一枚もなかったことも影響したと思われるが、当時は柳模様がどのようなものなのか、まるで分かっていなかった。というか、おそらく柳模様を柳模様として認識できていなかったということであろう。だから、筆

1 「アメリカ的中国―将来の柳模様」。典型的な柳模様の文様が、列強に蹂躙される中国の姿に置き換えられている
(『パンチ』1887年10月1日)

者がアジア・イメージ研究の成果として、一九九六年に『大英帝国のアジア・イメージ』(ミネルヴァ書房)を上梓した時には、柳模様には全く触れていない。

一九九八年に上梓した『図像のなかの中国と日本―ヴィクトリア朝のオリエント幻想』(山川出版社)のなかに、ドーソンを意識したのかどうか、今となっては定かではないが、「柳模様の世界」という章を設けた。

この書物は、イギリスの有名な風刺週刊誌『パンチ』*Punch*や、これまた有名なイラスト入りの週間新聞『ロンドン画報』*Illustrated London News*などの図版を資料として、ヴィクトリア時代のイギリスにおける中国と日本のイメージを描いたものである。「柳模様の世界」の章では、『パンチ』に掲載された、列強の餌食になる一九世紀末葉の中国の姿を柳模様で表した図版を取り上げた(図版1)。この時には、もちろん明確に柳模様を知っていたし、その物語にも触れている。しかし、いつから柳模様を意識するようになったのかが、どうもはっきりしない。

一九九七年九月に、イギリスのランカスター大学教授で、大英帝国史研究の第一人者であるジョン・マッケンジーが来日し、オリエンタリズムなどについて日本各地で講演をしたことがある。この時、大阪での講演に参加することができ、懇親会の席でマッケンジーに柳模様のことを質問した。柳模様はイギリスではありふれたもので、もちろん自分も持っているとの答えをもらったことをよく覚えている。これよりも前に柳模様に取り憑かれていたはずなのだが、それがいつからなのか、これが思い出せない。先に述べた『パンチ』に掲載された図版のなかの柳模様に刺激され、柳模様に関心を持ち始めたのだろうと思われるのだが、一九九四年の夏にイギリスに行っており、その時の印象が頭の片隅に残っていたのかもしれない。ポートベロー・マーケットに出かけた際に、陶磁器を扱う骨董店で大量の柳模様を見ていたはずなのである。ところが、一九九九年の夏にもポートベロー・マーケットに出かけており、この時にももちろん柳模様を見ているので、記憶が重なっていて、九四年の記憶がどうもはっきりしない。

しかし、日本製の柳模様との出会いははっきりしている。『図像のなかの中国と日本』では、中国製の柳模様については触れているが、日本製の柳模様については触れておらず、この書物を執筆中は、日本でも柳模様を製造していたことを知っていたのかどうか定かではない。日本製の柳模様との出会いは、全く偶然によるものであった。『図像のなかの中国と日本』の出版は、一九九八年の七月のことだったのだが、その翌月にたまたま九州の義兄の家に遊びに行き、そこでご馳走になった。おそらく関門の最高の魚が皿に盛られていたはずである。そのご馳走がなくなるにつれて、なんとそこに柳模様の絵柄が浮かび上がってきたのである。これが、日本製の柳模様との、なんとも劇的な出会いであった。それは義兄が結婚のお祝いに贈られたディナーセットの一部であった。お皿の裏を見るとニッコーと読めた。これはもう、柳模様を本格的に研究せずにはすまないだろうと考えたものである。

実際には、その後、中国で纏足を「発見」し、反纏足運動を展開した英国人女性に取り憑かれ、この問題に本格的に取り組むというわけにはいかなかった。ところがである。またしても柳模様との運命を感じさせる出来事が起こった。この英国女性についての研究成果を『纏足の発見―ある英国女性と清末の中国』（大修館書店、二〇〇四年）と題して出版した後で、ようやく柳模様に再度着手し始めた頃の話である。日本と柳模様との関係については全く手を付けていなかったので、日本で柳模様がいつから作られ始めたのか、それはどこであったのか、といったことを調べ始めた。その際に、いろいろな陶磁器メーカーに問い合わせをしたところ、ナルミだったと思うのだが、金沢に今でも柳模様を製造しているメーカーがありますと教えてくれた。そのメーカーとは、なんとその柳模様をすでに眼にしたことのあるニッコーであった。そこで、教えられたニッコーに問い合わせたところ、確かに今でも製造しているというのである。

このように、どうも私は柳模様によくよく縁があるらしい。以下に述べるように、この縁はこれ以降も続くことになる。

一章　シノワズリー——柳模様誕生の背景

1 シノワズリーとは何か

シノワズリーの時代

柳模様という陶磁器の文様は、シノワズリーと呼ばれる、一七世紀から一八世紀にかけてヨーロッパの中上流社会を席巻した一大文化現象を抜きにしては、生まれることはなかったであろう。そこで、まずはこのシノワズリーについて説明しておこう。シノワズリーは、全ヨーロッパ的といってよい文化現象であった。シノワズリーの痕跡は確かに全ヨーロッパ中に残っているといってよい。イギリスの世界的に有名な植物園、キュー・ガーデンにはパゴダがそびえ立ち（図版2）、ドイツ、正確にはプロシアには、かのフリードリッヒ大王のサンスーシー宮殿があり、フランスにはベルサイユに陶器のトリアノンがあった。東洋の磁器に刺激を受けて、マイセン磁器（図版3）とセーブル磁器が作られるようになったのも、もちろんこの頃である。ヨーロッパの王侯貴族は、競って日本や中国の漆器の屏風や家具を解体して造ったパネルで部屋を飾り、中国や日本の磁器を壁に並べた磁器室を造った。こうしたシノワズリーの流行は、遠く東欧や北欧にまで及んだ。北欧での興味深い事例を、シノワズリー研究の権威の一人オリヴァー・インピーが『シノワズリー――西洋の芸術と装飾へのオリエンタル様式のインパクト』(一九七七年)で紹介している。

一七五三年に、スウェーデン王妃ウルリカがスウェーデン国王アドルフからの誕生日プレゼントに驚いて、プロシアにいる母親に次のような手紙を書いたのだという。

2　キュー・ガーデンのパゴダ。これは1789年の版画だが、現在でもパゴダは健在である

3　マイセン磁器。中国風の意匠である

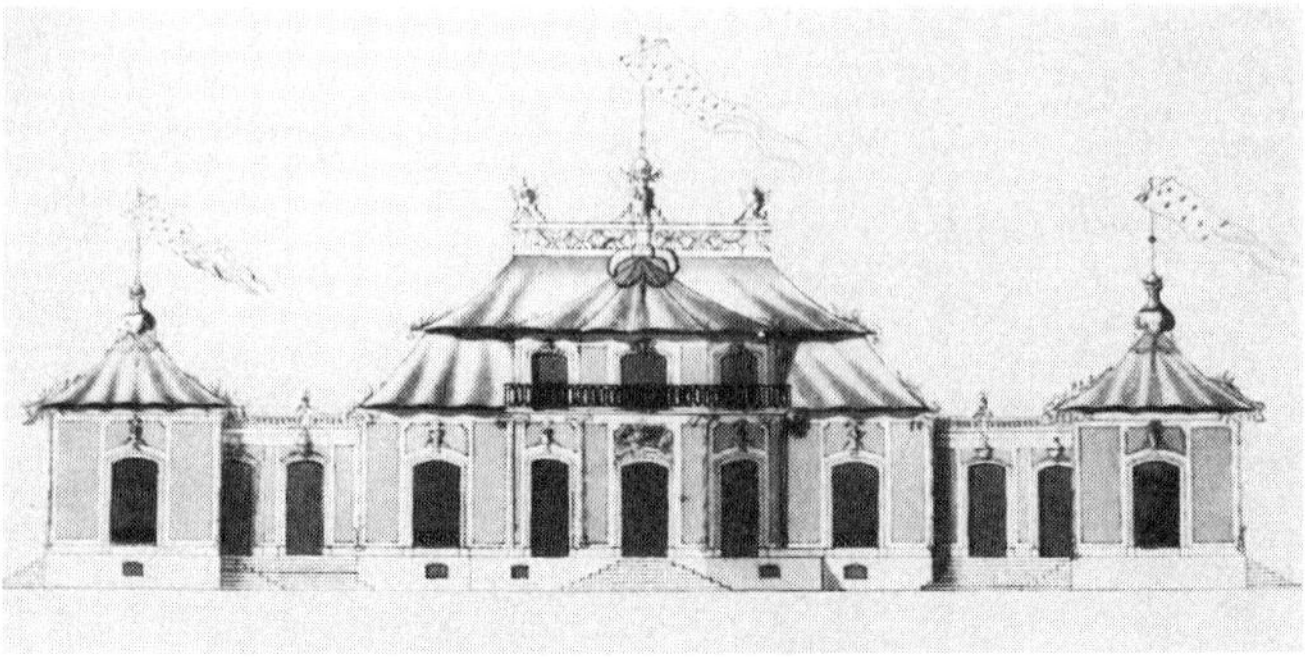

4　王妃ウルリカに贈られたドロットニングホルムのチャイニーズ・パビリオン。これはスケッチだが、建物は現在でも健在のようである

本物の中国を見て驚いてしまいました。陛下がチャイニーズ・パビリオンを建てるようにお命じになっていたのです。これほど美しい建物は見たことがありません。衛兵は中国式の衣装を身につけ、王の二人の側近はまるでマンダリンのようなのです。……（p.9）

誕生日プレゼントは中国式建築（図版4）だったのだが、これはドイツで中国趣味に開眼していた王妃をいたく喜ばせたようである。

このようにシノワズリーの影響はまことに広範であったのだが、本書ではあくまでもイギリスを中心に、かつ本書に関連する事例を中心に見ておくことにする。

シノワズリーの定義

まずはシノワズリーとは何かについて述べておこう。以下に、シノワズリーについての代表的な定義を並べてみよう。

シノワズリー研究の先駆者、オナーは、その名著『シノワ

ズリー——カタイの幻影』のなかで、シノワズリーを「ヨーロッパ人のカタイ幻想」(p.8)と簡潔に定義している。

また、やはり先に紹介したドーソンは、『ヨーロッパの中国文明観』で「ヨーロッパ人が心に思い浮かべる中国の幻影」と定義し、さらに「それは一八世紀に盛んとなって、ヨーロッパに一つの幻想の世界をもたらしたが、ヨーロッパ人はその幻想の世界こそ中国のもたらした中国的世界の象徴であると思いこんだのである」(一六五頁)、と述べる。

オナー以降のシノワズリー研究では、おそらくもっとも優れた研究であるオリヴァー・インピーの『シノワズリー』では、シノワズリーは「オリエンタルなものがいかなるものであるのか、あるいはいかなるものであるべきかについてのヨーロッパの観念」「様々なオリエンタルの様式と、適切と考えられたロココ、バロック、ゴシックなどのヨーロッパの様式との混合を、ヨーロッパ的に表示したもの」(p.9)と定義されている。

エドワード・サイードの『オリエンタリズム』(今沢紀子訳、平凡社、一九八八年)を歴史家の立場で厳しく批判したジョン・マッケンジーは、「繊細さを極める自然界と建築上の世界のなかにある人間の優美さや洗練さについての西洋のヴィジョンを満足させる想像上のオリエントの構築」(平田雅博訳『大英帝国のオリエンタリズム』ミネルヴァ書房、二〇〇一年、一八二頁)とシノワズリーを定義する。

これらはいずれも、シノワズリーを研究しようとすれば必ず参照しなければならない必読文献で

5 「ドイツのヴェルサイユ」と呼ばれるルートヴィヒスブルグ宮殿の漆のパネルで飾られた部屋。こうした部屋の漆パネルには日本や中国の漆製品を解体したしたものが多く使用された

ある。これらの論者のいうところに耳を傾ければ、シノワズリーのおおよその意味はつかめよう。

シノワズリーとは、何よりもヨーロッパ人のカタイ＝中国についての幻想である。カタイとは、契丹《きったん》を語源とする古い時代の中国を表す語であるが、シノワズリーとは、要するに想像上の中国を構築することである。したがって、オナーがその著書でいうように、「シノワズリーはヨーロッパの様式であり、中国の芸術を模倣しようとする無能な試みではない」(p.1)。もちろん、ヨーロッパの職人たちによって中国の工芸品が大いに模倣された。そのことは否定できない。だが、ヨーロッパ人は、中国の工芸品をただ模倣したのではなく、むしろそこから次第に遠ざかり、独自のデザインの製品を作るようになったのである。また、ヨーロッパの人々が中国の磁器や日本の漆製品などをもてはやしたことは事実だが、それらを中国や日本の文化的イディオムにしたがって愛でていたわけでもない。このことは、たとえば中国や日本の漆のスクリーン＝屏風を解体してしまい、それらを壁に貼り付けて東洋的な雰囲気の部屋を造って楽しんでいたことによく表されている（図版5）。あるいは、この頃の王侯貴族が競って造ったといわれる「磁器室」にしても、その部屋での磁器の飾り付けは中国や日本の人々の想像を絶するものであっただろう（図版6）。

中国の人々がヨーロッパ人が作り出した様々なシノワズリー製品を実際に見る機会は、おそらくほとんどなかったであろうが、もし仮にそれらの作品を眼にしていたら、中国の人々はそれらを中国のものだとは認識できなかったであろう。ただ戸惑うだけだったであろう。

6　磁器室のプランニング（ダニエル・マロによる。1700年頃）。中国人や日本人には想像しがたい磁器の展示である

シノワズリーとジャポニスム

シノワズリー研究者の多くは、ジャポニスム japonisme をその一部として扱うことが多いので、ここでこの両者の関係についても見ておこう。

たとえば、インピーは先の著書で、シノワズリーをオリエントとは何かについてのヨーロッパの観念と定義した上で、このシノワズリーを「アンブレラ・ターム」として使用する、という。つまり、かなり曖昧な概念として使おうというのである。しかし、一七三〇年代から九〇年代のカタイを基礎とするデザインであるロココ・シノワズリーと、一九世紀後半の日本の影響を基礎とするシノワズリー様式であるジャポニスムは例外であるという（p.10）。つまり、インピーは、曖昧なシノワズリー概念を使用することで、かなり幅の広い時期（一四、五世紀から二〇世紀初頭）をシノワズリーの時代として捉えようとしているのだが、ロココ・シノワズリーとジャポニスムについては厳密に定義して扱う、というのである。ここで、問題にしたいのは、それらを別個に扱うにしても、ジャポニスムをシノワズリーの一部として定義している点である。つまり、ジャポニスムはシノワズリーだというのである。おそらく、日本人にとってはかなりとまどいを覚える定義だろう。

だが、どうも欧米のシノワズリー研究者は、両者を同じ次元で扱う傾向がある。オナーも、『シノワズリー――カタイの幻影』のなかで、ジャポニスムを扱っている。彼はジャポニスムという用語を使わず、ジャポネズリー japonaiserie という用語を用いている。ジャポニスムとジャポネズリーは、時として厳格に区別されることがある。美術史家は概して厳格に両者を区別したがるようである。この場合、ジャポニスムが日本美術の西洋美術への原理的・根底的な影響を意味するのに対し、ジャポネズリーはきわめて皮相な単なる異国趣味にすぎないものとされる。谷田博幸は『唯美主義とジャパニズム』（名古屋大学出版会、二〇〇四年）でこうした美術史家の立場を批判している

(三一頁)。美術史家ではない筆者には、こうした批判はまことに正当なものだと思われる。筆者はジャポニスムをジャポネズリーを含めて考察すべきだと考えている。つまり、美術史家にいわせれば、猥雑な、したがって学問的対象とする価値がないと思われるような、単なる日本への憧れや、日本趣味なども含めてジャポニスムとして考察すべきだと思うのである。オナーは、ジャポネズリーのなかにジャポニスムを含めて考えているようである。ジャポネズリーを「中国と日本」と題する章の一節で扱い、ジャポネズリーの歴史は「より長く複雑なシノワズリーの歴史をミニチュアのサイズで反映している」という。そして、シノワズリーとジャポネズリーはある重要な点で差異があるとして、次のようにいう。「日本は中国よりも遥かに深く、重要な影響をヨーロッパの様々な芸術に与えた」(p.207)と。この「重要な影響」とは、通常はジャポニスムとして考えられるものだろう。このようにオナーの理解は筆者とは逆のようだが、ともかく彼のいうジャポネズリーは、筆者のいうジャポニスムと内容的にほぼ重なりそうである。問題は、彼もジャポニスムを独立して扱っていないということである。

オナーの名著の盗作と呼びたくなるほど、基本的な主張がオナーの主張に類似しているドーン・ジェイコブソンの『シノワズリー』(一九九九年)も、ジャポニスムをシノワズリーだといっているわけではないが、その著書のなかでオナーに倣ってジャポニスムをシノワズリーのミニチュアとして簡単に扱っている。

オナーにしても、ジェイコブソンにしても、インピーのように、シノワズリーとジャポニスムを定義上同一であるとはしていないが、『シノワズリー』と題された著書のなかでジャポニスムを扱うことで、両者が同じものであるかのような印象を与えているように思われるのである。やはり、ジャポニスムは、シノワズリーとは別個に研究されるべきだろう。本書では、両者を区別して考えていくつもりである。ここでは、シノワズリーを、インピーのいうロココ・シノワズリーの時期を中心とするものだと捉えておこう。

とはいえ、シノワズリーの時代にも、日本の漆器や日本の磁器などがヨーロッパに流入していたし、逆にジャポニスムの時代に中国製の美術工芸品が賞賛されることもあった。つまり、いずれの時代にあっても、ヨーロッパの人々には、中国製品と日本製品を厳密に区別することはきわめて難しく、両者は混同され、同じようなものとして受容されていたのである。オリエントへの幻想という点では、シノワズリーもジャポニスムも同じようなものであったといえよう。とすれば、上述したシノワズリー研究者たちのジャポニスムの扱いも、さほど無茶なものではないといえるかもしれない。しかし、オナーも認めるように、両者は根本的な点で異なるものであった。日本の美術と工芸がヨーロッパの芸術に与えた影響の方が、中国の美術や工芸が与えた影響よりも遥かに重要で、根本的なものだったのだとすれば、やはり両者を区別して論じた方がよいであろう。

2 シノワズリーの歴史

シノワズリーの原因

何がヨーロッパにシノワズリーをもたらしたのだろうか。もちろん、様々な原因が考えられようが、やはり各国の東インド会社が、一七世紀以降、素晴らしい東洋の産物、とりわけ質の高い磁器を大量にヨーロッパにもたらしたことが最大の要因ということになるだろう。そして、ヨーロッパの側でこれらの東洋の物産を喜んで受け入れる土壌があったからだ、ということだろう。では、その土壌とは何か。ドーソンは、この時期のヨーロッパ人は芸術における古典的伝統の因習、「ギリシャ的な優美と均整」に飽き飽きしており、中国の磁器に見られるような、非実用的で、面白みのある、変則性にあこがれたのだという（一六七頁）。こうした理解は、シノワズリー研究者にはおなじみのものである。たとえば、D・F・ラックは「中国像の変容」という論文（高山宏他訳『東方の知』平凡社、一九八七年）で、古典古代の安定した芸術へのルネサンス的礼賛に倦み果てていたヨーロッパの人々が、中国の珍奇な芸術品に熱狂した、とシノワズリーを表現している（五三頁）。

シノワズリーの原因については、これくらいの説明で終わることが多いのだが、ここでは東洋の世界史的重みという問題も少し考えてみよう。これは、この時代の東洋が、ヨーロッパにとってどれくらいの重みを持つ存在であったのか、という問題である。二〇〇四年に、ロンドンのヴィクトリア・アンド・アルバート博物館で開催された「邂逅―東洋と西洋の出会い」展のために出版されたアンナ・ジャクソンとアミン・ジャファーの編著『邂逅―一五〇〇年から一八〇〇年にかけての東洋と西洋の出会い』（二〇〇四年）では、シノワズリーの要因として、ある種の「心理的要因」を考えねばならないと主張されている。それは次のようなものである。

> 軍事的脅威としてのアジアの縮小と中立化、そしてその結果としての受動的で、怠惰な、慈悲深い芸術的影響力としての再構成。(p.351)

一六八三年のウィーン攻撃に失敗して以来、オスマン帝国はヨーロッパにとってすでに軍事的脅威ではなくなっていた。さらに、ほぼ同じ頃、インドではムガール帝国が急速に衰退しつつあった。そして、「中国もまた明王朝の長い衰退の後で弱体化しているようであった」。このような「東洋の心理学的非軍事化」、無害化した東洋は、西洋の芸術的必要性に合致するように、馴致され、飼い慣らされたのだ、というわけである。

中国についての説明にやや説得性に乏しいところはあるが、考慮に入れてよい要因ではあるだろう。同じくヴィクトリア・アンド・アルバート博物館の図録『中国の輸出用芸術とデザイン』(一九八七年)は、シノワズリーを「一見中国の伝統への回帰と見えたが、実際には中国の西洋への政治的経済的従属を、デザインの領域で示す、価値の低下したエキゾティズムであった」(p.20)といっている。これも同じ発想であろう。

始まりと終わり

シノワズリーは、一七、一八世紀の文化現象だと考えるのが普通だが、こうした現象が突如として現れることはあり得ないわけであり、その淵源をさらに遡ることは可能である。オナーのように、九世紀のビザンツに最初のシノワズリーを発見できると主張する者もいる(p.33)。ここまで遡らなくても、シノワズリーは通常考えられているよりも長い歴史を持っているようである。東洋の磁器への憧れが、ポーランド王でもあったザクセン選帝侯アウグスト一世をヨーロッパ有数の中国・日本の磁器のコレクターとし、ついには、ヨーロッパ最初の磁器、マイセン磁器を作らせることになったのは有名であるが、先に挙げた『邂逅』によれば、これに先立って、一六世紀にすでにロレンツォ・デ・メディチの孫が「メディチ家の磁器」を作らせていたそうである(p.224)。もちろん、これは本物の磁器(硬質磁器)ではなかったが。

ではその終焉はいつ頃なのだろうか。オナーは、イギリスの場合、シノワズリーは一七五〇年代に頂点に達し、早くも一七六〇年代には廃れ始めるが、ヴィクトリア女王の治世（一八三七〜一九〇一年）が始まる頃まで延命した、という。ただし、一八六〇年代にシノワズリーの流行は概してジャポネズリー（＝ジャポニスム）の新しい波に取って代わられた、ともいっている（p.207）。さらに、「この五〇年に」いくらかのシノワズリーが生産された、と付言している（p.223）。

「この五〇年」とは、オナーの著作が出版されたのが、一九六一年だから、ここを起点とする過去五〇年ということになる。要するに、シノワズリーは一九世紀の初頭に終焉したというわけではなく、細々とかもしれないが、今日（もちろんオナーにとっての今日だが）にまで影響をとどめている、ということであろう。

実は、インピーも次のように述べている。「近代芸術の広範な折衷主義にもかかわらず……、シノワズリー様式がなお健在であるのは驚くべきことである」（p.193）。インピーの著作は、一九七七年の刊行であるから、その時点での「なお」であるが、ともかく、彼もシノワズリーの影響力の持続性に注目していることになる。

一九九九年にその著作が出版されたジェイコブソンも、「西欧はなおシノワズリーの幻想的世界を捨ててはいない。それはなお西欧世界で魅力と神秘をとどめている」（p.212）と述べている。

このように、シノワズリーは、確かに一九世紀の初頭にはそのブームを終えたといえようが、その影響力はなお残存し続けたということになろう。この点については、またのちほど取り上げることになるだろう。

3　シノワズリーと柳模様

アングロ・チャイニーズ庭園と柳模様

柳模様はシノワズリーの所産である、と先に述べた。それはどういう意味であろうか。とりあえずは、柳模様という陶磁器の文様が、シノワズリーの時代に、シノワズリーに多少なりとも関わった人々により生み出され、受け入れられたという意味である。これではいかにも大まかにすぎるので、シノワズリーそのものと柳模様との関係をもう少し見ておこう。オナーは『シノワズリー』において両者の関係を次のように説明している。

この文様はいくつかの中国のモティーフを統合していたが、ナンキン磁器のいずれかよりもアングロ・チャイニーズ庭園の理想に似ていた。(p.196)

右：7　中国製のナンキン磁器。1790年頃のものとされる
左：8　中国製のナンキン磁器。1785年頃のものとされる

ナンキンは、この当時ブルー・アンド・ホワイト（青花《せいか》、染付《そめつけ》）の磁器に広く適用されていた用語であるが、図版7、8に示したように、柳模様によく似た風景を描いた文様を持つものも多かったようである。柳模様も、図版に挙げたナンキンも、いわゆる楼閣山水画を基本とする文様だという点では共通している。オナーのいう「この文様」とは、もちろん柳模様のことであるが、柳模様は庭園風景のなかでも、いわゆるアングロ・チャイニーズ庭園と関連が深いものであったというのである。

それでは、アングロ・チャイニーズ庭園とはどのようなものであろうか。有名なゴシック小説『オトラント城奇談』（一七六四年）を著した、時の首相ロバート・ウォルポールの息子、ホレス・ウォルポール Horace Walpole（一七一七～九七年）は、一七七一年に次のように書いている。

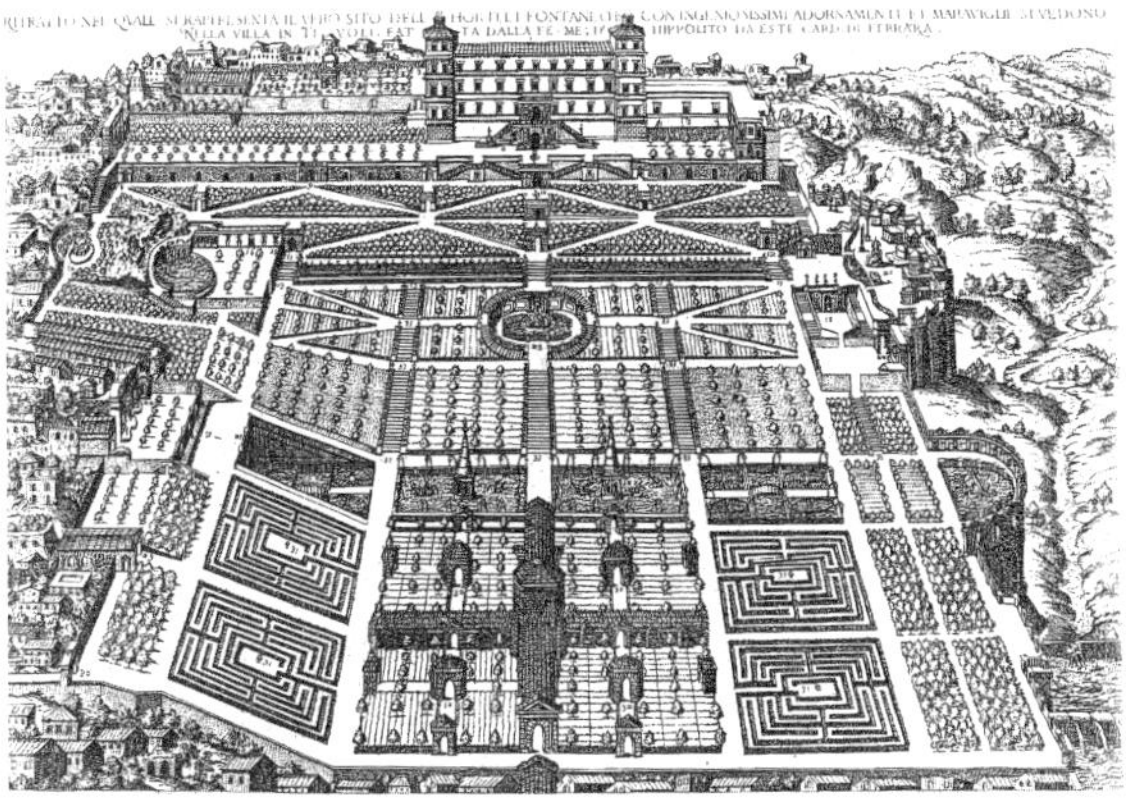

9　イタリアのティヴォリにあったイタリア式庭園。整然と左右対称をなす幾何学文様である。1581年の版画

フランス人は最近われわれの庭園の様式を採用したが、彼らはもっと遠くのライヴァルに根本的な借りを認めることにした。その発見を中国人のものとし、われわれの庭園の趣味をアングロ・シノワ趣味と呼ぶことで、その発明の長所、いやオリジナリティを、われわれには半分しか認めていない。

この一節は大変有名なもので、オナーはもちろん、インピーやジェイコブソンなど大抵のシノワズリー研究者の文献で引用されている。

イギリスでは、一七世紀の末頃から、ヴェルサイユ宮殿の庭園に代表されるような、大陸の幾何学模様を基本とする整形式庭園（図版9）への反発が大きくなり、次第にイギリス式庭園＝風景式庭園が主流になっていった。オナーにいわせれば、この流れには中国的なものは何ら関与していなかった。ところが、このイギリス式庭園が大陸へ、したがってフランスにも広ま

10　フランス、ランブイエのアングロ・チャイニーズ庭園。
ル・ルージュのスケッチより。1794年

ると、その中国起源説がにわかに有力となった。フランス人にいわせれば、風景式庭園のような魅力的なものが、イギリス人に発明できるはずがないのだから、その起源は、円明園を誇る中国にこそ求められねばならない、というわけである。インピーによれば、円明園についての情報は、一七四三年にパリにもたらされ、一七四九年にはその情報は出版物となっている(p. 135)。もっとも、オナーによると、円明園のイラストがヨーロッパに現れるのは一七七〇年代だという(pp.147-148)。

こうして、この時代のイギリス式の風景式庭園が、アングロ・シノワ、ないしはアングロ・チャイニーズ庭園（図版10）と呼ばれているわけである。これに対し、ウォルポールは、イギリス式庭園は、あくまでもイギリスのオリジナルであるといいたいのである。オナーにしたがえば、ウォルポールの方が正しいことになるのだが、この風景式庭園には中国的な要素が加えられており、そこにはパゴダなどの中国風の建物、雷文様の橋、あるいは釣り小屋などが配置されていた。だから、イギリス式風景庭園の起源が中国ではないことは確かであるにせよ、そこにオナーも認めるように、「カタイの幻影」を連想させる要素が含まれていたことも、また事実なのである。

ナンキン磁器と柳模様

さて、ここで先ほどのオナーの文章に戻ろう。オナーの一文は、柳模様はナンキン磁器をモデルに創られたのだという説をやんわりと批判し、むしろ柳模様をアングロ・チャイニーズ庭園とのダイレクトな関連において捉えようとするもののようである。しかしながら、柳模様をナンキン磁器と関連させる説はやはり有力である。たとえば、インピーは「柳模様は、明らかにナンキンに影響された文様」であると述べている。インピーにとっては、柳模様という文様は間違いなくナンキンをお手本に案出されたということである。もっとも、図版11に示したように、インピーがその著書に掲載しているナンキンは、あまり柳模様には似ていないように見

11 インピーの挙げている中国製ナンキン磁器

える。しかし、先に挙げておいたナンキン（図版7、8）には柳模様と似た雰囲気が感じられよう。オナーの主張にもかかわらず、柳模様が、ナンキンなどとと称される柳模様に似たような中国の磁器から発想されたことは確かなのである。

柳模様にとって重要なのは、中国的な要素を配した風景式庭園が、その誕生の頃に大いに流行していたことである。柳模様は、今述べたように中国の陶磁器の文様を参考に案出されたものだが、その際お手本になったのは、ナンキンなどと呼ばれる楼閣山水を描いたブルー・アンド・ホワイトの磁器であった。そして、この楼閣山水文様のブルー・アンド・ホワイトが選ばれたについては、この時代の風景式庭園＝アングロ・チャイニーズ庭園の流行が、その背景にあったように思われるのである。

二章

柳模様とは何か

1 柳模様の誕生

様々な柳模様

そもそも柳模様とは何かについて説明してみよう。とはいえ、以下に述べるように柳模様には謎が多いので、それほどすっきりと説明できるわけではない。

実は柳模様といってもいろいろある。したがって、その構成要素にもかなりヴァリエーションがある。こうした事情は、次に引用する二〇世紀初頭に古陶器の愛好家のために書かれたガイドブック、ウィロビー・ホジソン Mrs. Willowghby Hodgson の『古陶器鑑定法』(一九〇五年)の一節に明らかだろう。

ミントンでは柳模様が常に製造されてきたし、現在でも製造されている。ミントンによって銅板が彫られ、多くの工場に売られた。しかしそれらにはやや違いがある。フェンスの文様が違っていたり、リンゴの数が異なっていたり、木の種類が違っていたりする。
物語柳模様、あるいは第一の柳模様の他に、別の柳模様のデザインがある。橋の上の人物が一人であったり、あるいは二人であったりするが、すべて中心に柳を配している。これらの文様は、この当時大量に中国から輸入されていた磁器からコピーされたもので、ミントンによって一七八〇〜九〇年の間に彫版された。そのうちの一つは、「パゴダ」文様、あるいは第二文様と呼ばれるもので、ジョサイア・スポードのために作られた。このデザインでは、寺院ないしはパゴダは左手に配され、庭園と堤をつなぐ橋の上には二人の人物がいる。堤の右手には桃ないしはリンゴの木がある。寺院の背後は壁になっており、その後ろには木が見える。フェンスは第一文様よりも短く、卍フレットとして知られるものを持っている。このデザインに用いられている縁はバタフライと呼ばれるものである。……

第三の柳模様の時期は一八〇〇年から一八三〇年である。この間、大部分のイングランドの工場やいくつかの大陸の工場が、柳模様を様々な形で使用した。(p.45)

柳模様といってもいろいろであり、この説明によれば少なくとも三種類の柳模様があることになる。しかも、それぞれの成立時期も異なるということのようである。柳模様にもいろいろあるというのは確かだが、このウィロビー・ホジソンの説明ですべて明らかになっているというわけではないだろう。

柳模様の橋の上の人物が一人、ないしは二人の場合もあるというのだが、橋の上の人物が二人しかいない柳模様の皿は、二〇〇四年にポートベロー・マーケットで確かに見た。ポートベロー・マーケットは、店舗と道路に仮設された露店からなるが、この皿が売られていたのは五、六〇歳くらいの、いかにも素人という感じのおばさんがいる店だった。柳模様の文様は、普通は橋の上の人物は三人ではないのかと、このおばさんに尋ねると、これも間違いなく柳模様である、しかも一七八〇年代か、九〇年代に製造されたスポード製のものだと、力強く語ってくれた。ちなみにお値段は一〇センチほどの皿で二〇ポンドだという。以下に述べるように、柳模様が製造されたのは早くても一七七〇年代だから、この年代はいかに何でも怪しいが、橋の上の人物が二人の柳模様があることは確かなのである。とはいえ、後で詳しく紹介するように、柳模様物語は橋の上の人物が三人いないと成立しない。柳模様には、やはり三人の人物が必要なのである。また、柳模様について論じる場合、論者の念頭に置かれているのは、たいてい橋の上に三人の人物が描かれている柳模様なのである。

本書では、柳模様にもいろいろあることを認めつつも、柳模様物語に合致する文様を持った柳模様を、典型的な柳模様とし、この柳模様を中心に話を進めることにする。

柳模様の案出者

『古陶器鑑定法』の著者は、柳模様の案出者をミントンとしている。このミントンは、ミントン社の創業者、トーマス・ミントン Thomas Minton（一七六六〜一八三六年）のことである。いかにも権威がありそうな全三四巻よりなるジェーン・ターナー編の『芸術辞典』（一九九六年）の第一一巻のミントンの項に、初代ミントンについて「柳模様の案出者として有名である」との記述が見える。トーマス・ミントンを柳模様の案出者とする説は、かなり有力だといえるのかもしれない。

しかしながら、柳模様の案出者についても定説はないのである。先の引用に登場する、スポード社の創業者、ジョサイア・スポード Josiah Spode（一七五四〜一八二七年）も、柳模様の案出者とされることもある。スポード社と関係が深いロバート・コープランドは、その柳模様研究『スポードの柳模様とその他の中国風デザイン』（一九九九年）のなかで、典型的な柳模様は初代スポードが一七九〇年頃に案出したものであることを強く示唆している（p.33）。この説には少し説明が必要だろう。

12　ゴッデンがウィロー・ナンキンと称している皿。後で触れる『ガストンのブルー・ウィロー』でカントンとして紹介されている文様に酷似している

イギリスの陶磁器研究の権威の一人と目されている、G・A・ゴッデンが「ウィロー・ナンキン Willow-Nankin」と称している皿（図版12）がある。これはイギリスの窯業の中心であるスタフォードシャーに隣接する県、シュロップシャーのコ

ーリーで作られたもので、典型的な柳模様に非常によく似ている。実は、コーリーとはトーマス・ターナー Thomas Turner が柳模様を案出したとされるところなのである。この人物の窯は今は存在しないが、やはり窯業関係者である。だからトーマス・ターナーが柳模様を案出したという説もあるのだが、コープランドは、コーリーで作られた柳模様は、柳模様の原型ではあっても、典型的な柳模様ではないとして、柳模様案出者の栄誉をスポードに与えているわけである。

この説は少々身びいきと見なされるかもしれないが、他の研究者によっても支持されている。シノワズリーに関するもっとも新しい研究を著したジェイコブソンは、柳模様はジョサイア・スポードが一七九五年頃に案出したものだと断言している（p.198）。

では、トーマス・ターナーはどうなるのか。コープランドの主張にもかかわらず、トーマス・ターナーも柳模様の案出者として名前を挙げられることが多いのである。オンライン版の『ブリタニカ』では、トーマス・ターナーが一七七九年に柳模様を案出したとされている。一九六七年版の『エブリマンズ・エンサイクロペディア』も、柳模様はトーマス・ターナーによって導入され、トーマス・ミントンによって彫版されたとしている。さらに『英国人名辞典』DNBも、トーマス・ターナーが一七八〇年にフランスから帰国した直後に柳模様を導入したとしている（CD-ROM版、一九九八年。ただし記事そのものは一八九八年に書かれたものである）。このように、柳模様の案出者としては、ここに挙げた、トーマス・ミントン、ジョサイア・スポード、トーマス・ターナーの三人の名が挙げられる。

柳模様の成立時期

すでにお気づきのように、柳模様誕生の日時も定説がない。『古陶器鑑定法』の著者は、柳模様の誕生を早い場合は一七八〇年としているのだが、すでに見てきた通り、一七九五年頃説、一七七九年説もある。さらに、オリヴァー・インピーなどは一七七〇年代に柳模様があったと考えている。一七八〇年頃とする説もある。たとえば、一九一〇年に発行された大英博物館による陶磁器のガイドブック『イングランドの陶器と磁器』（一九一〇年）には「ターナーは腕の良い彫版師で、一七八〇年頃に、かの有名な柳模様とブローズレー・ブルー・ドラゴン Broseley blue dgragon を始めたといわれている」(p.113)、とある。

13　ブルー・ドラゴン。見ての通りドラゴンの文様である

ブローズレーはシュロップシャーの小さな町だが、産業革命の時代には鉄工業や窯業などでかなり重要な役割を果たした。すぐ近くには世界で最初に建設された鉄橋がある。ブルー・ドラゴンは、図版13のようにその名の通りの文様である。

柳模様には、実に謎が多い。それが人々を惹き付ける要素の一つでもあるだろう。それはともかく、筆者としては、バーナード・ウォトニーが『一八世紀イングランドのブルー・アンド・ホワイト』（一九七三年）において提示した次のような考え方に共感を覚える。

柳模様は、実際にはオリジナルなコーリーのシノワズリーではなく、一七六〇年頃からイングランドの磁器工場で使用されていた多くの似たような転写デザインの結晶にすぎない。(p.121)

「オリジナルなコーリーのシノワズリー」とは、トーマス・ターナーの案出した柳模様ということになろうが、この著者がいいたいのは、柳模様は特定の人物が案出したというよりも、むしろいつの間にかできていたと考えた方がよい、ということであろう。したがって、柳模様誕生の正確な時期の特定も無意味であることになろう。筆者としては、柳模様は一八世紀末に、シノワズリーという時代背景の下で、トーマス・ミントン、ジョサイア・スポード、トーマス・ターナーの三人が何らかの形で関わりつつ案出されたとしておけば、とりあえず十分だろうと考えている。その文様がシノワズリーの産物だということだけは間違いないのである。

とはいえ、これは現在の研究では、という話であり、以下に見ていくように、イギリスの人々が柳模様はイギリス起源であると明確に分かった上で柳模様を愛好していた、というわけでは必ずしもない。柳模様を中国のものだと考えていた人々も、少なからずいたのである。

2 柳模様物語

柳模様物語とは

この柳模様という文様には、すでに述べたように、この文様にまつわる物語、あるいは伝説がある。この物語、ないしは伝説が、いつ、誰によって作られたのかは全く分からない。この点ではほとんどの研究者の見解が一致している。

いわゆる柳模様物語が確認できる最初の文献は、一八四九年に刊行された『ファミリー・フレンド』*Family Friend*（図版14）という雑誌に掲載された「柳模様の皿の物語 The Story of the Common Willow-Pattern Plate」である。誰が創作したのかは分からないが、遅くともこの頃には柳模様物語はすでに成立していたのである。この『ファミリー・フレンド』は、一八四九年に創刊され、一九二一年まで刊行されていた。ディケンズが編集していた『ハウスホールド・ワーズ』*Household Words* などと同じような傾向の、比較的大衆的な雑誌であった。「柳模様の皿の物語」

14 『ファミリー・フレンド』創刊号の表紙

と題された記事が掲載されたのは、その創刊号であった。この『ファミリー・フレンド』創刊号を入手するのは大変なようだが、先に紹介したコープランドの著書の付録として、この記事が採録されている（pp.198–201）。ここではそれを利用することにする。

この記事で紹介されている柳模様物語はかなり長いものだが、要約すれば以下のようになるだろう。

主たる登場人物は、マンダリン（高級官吏）、マンダリンの一人娘クーン・セー、マンダリンの秘書チャン、マンダリンの娘の婚約者タ・ジンの四人である。このマンダリンは、二階建ての大邸宅に住んでいるところから知れるように大金持ちで、大変な権力を持った税務官僚の長であったが、密輸などの不法取引に携わる商人たちから賄賂をとっていた。商人たちがマンダリンの不正を声高に語り始めたので、自らの悪行の露見をおそれたマンダリンは、妻の死を口実に皇帝に引退を願い出て、大邸宅に退いた。残務処理を任されたチャンは、これを忠実に完遂したが、そのとたんに追い払われた。だが、マンダリンがこの若者を追い払うのは遅すぎた。この若者はマンダリンの娘に恋してしまっていたのである。娘の方もである。

もちろん、マンダリンは、二人の恋を認めるはずはない。マンダリンは、自分の友人で大金持ちのタ・ジン公爵に娘を嫁がせようとする。婚儀は桃が開花する春に予定された。ついに結納の日がやってきた。その日盛大な宴が開かれたのだが、この時見知らぬ男がマンダリンの邸宅を訪れる。この男こそチャンであった。チャンは宴会の混乱に乗じてクーン・セーを連れて逃げようとする。この時の様子を描いたのが、柳模様の橋の上の三人の人物である（図版15）。先頭が処女の象徴である糸巻き棒を持つクーン・セー、次に続くのがタ・ジンからクーン・セーに贈られた宝石箱を持つチャン、最後の人物が鞭を持つマンダリンである。

15　柳模様に描かれた橋の上の三人の人物

この場を何とか逃げ延びた恋人たちは、とりあえずはクーン・セーに仕えていた侍女の家に隠れ住む。マンダリンの大邸宅の左手に見える橋の向こうの小さな家である。だが、ここにも追っ手がやってくる。この場も、侍女の機転で辛くも逃げ延びた二人は、柳模様の上部に描かれた小さな島に住み着く。ここで二人は幸せな生活を送る。チャンは農業に精を出し、また農業に関する著作も出版する。かくしてチャンの名声は高まるが、これが恋人たちに災いを招く。チャンの名声がタ・ジンにまで届いていたのである。タ・ジンは恋人たちの住む島を攻撃する。チャンは勇敢に戦うが、致命傷を負ってしまう。これを見てクーン・セーは家に火を放つ。こうして二人は死んでしまうのだが、神は二人を哀れみ、二羽の不死のキジ鳩に変身させる。柳模様の上部に見えるキジ鳩である。そして、タ・ジンは呪われ、汚らわしい病に倒れる。

この物語のヴァージョンはいくつかあるようだが、おそらくこの『ファミリー・フレンド』版がもっとも親しまれてきたものであろう。この『ファミリー・フレンド』に掲載された「柳模様の皿の物語」は、以後の柳模様物語のベースになっているようである。のちほど紹介する『疑問と注解』*Notes and Queries* という雑誌の第一二集、八巻（一九二一年六月一八日）に、Alex. Morning という人物が「柳模様の磁器」と題する記事で「私は『ファミリー・フレンド』の記事を復刻しようと準備している」と述べている。この人物はアレクサンダー・モーニング Alexander Morning のことだと思われる。一九五二年に、モーニングによる序文のついた『柳模様の皿の物語』という本が出版されている。この本は『ファミリー・フレンド』の柳模様物語を採録したものであるが、細部において若干モーニングの手が加えられているので、両者は全く同じというわけではない。もちろん、物語の本筋は全く同じであるが。

この物語はその後長く伝えられ、現在ではインターネット上でも紹介されているが、ほとんどがこの『ファミリー・フレンド』の「柳模様の皿の物語」を要約したものである。

子供向けのものもあるが、その場合は物語を多少脚色しているものもある。子供向けの劇の台本もあり、今でも人気が高いようである。手持ちのジュディス・ジョンソンの『柳模様』という子供向けの劇の台本は、二〇〇四年の出版である。内容的にはマンダリン、クーン・セー、チャンタ・ジンが登場する、基本的に柳模様物語を踏まえたものである。

柳模様物語の起源

このように、『ファミリー・フレンド』の記事はきわめて重要なのだが、すでに述べたように、この物語を誰が作ったのか、全く分からない。実は、この記事の筆者についても不詳である。この記事の最後にJ・B・Lという署名があるのだが、未だにその正体は解明されていない。柳模様物語の手がかりは、『ファミリー・フレンド』以前には、のちほど触れる柳模様に関する押韻詩以外には一切ない。したがって、このJ・B・L氏が物語を創作したという可能性もないわけではないが、まずあり得ないであろう。そもそも、この物語が中国起源なのか、あるいはイギリス起源であるのかという点でも、議論は分かれている。この匿名の筆者は、柳模様の物語について「中国人にとって、われわれにとってのジャックと巨人や、ロビンソン・クルーソーの話のようなものだといわれている」と述べている。「ジャックと巨人」は、日本でもよく知られている「ジャックと豆の木」

とよく似た話で、イギリス人であれば誰でも知っている話である。つまり、柳模様物語は中国人にはお馴染みのものだというわけである。ということは、この匿名の筆者は、この物語を中国起源と考えていることになる。したがって、J・B・L氏が自らこの物語を創作したとは考えにくいのである。

この物語が中国起源かイギリス起源かについていえば、現在の多くの研究者は、イギリス起源説を採っており、これを定説と考えてよいだろう。とはいえ、カナダのオンタリオにある博物館の学芸員スペンドラブの論文「柳模様―イングランドのものか、中国のものか」（一九五六年）に見られる次のような説には、いささか首をかしげたくなる。

伝統的な中国人の立場から見れば、この物語は道徳性に反するものであり、黙認されることはあっても、決して支持されるようなものではなかった。このような明らかに親不孝な行為の表象は、忠孝を説く書物と対立するものであり、イギリス人芸術家によるシノワズリーの所産であるようだ。このことは疑いない。（p.1004）

この物語は、親が決めた結婚相手との結婚から逃れ、若い書記と駆け落ちする娘の話を中心とするものである。これが道徳性に反し、したがって儒教道徳の支配する中国ではあり得ない話だから、これはイギリス起源に違いないというわけである。実際には、親に背いて若者たちが駆け落ちするという話は、中国でもさほど珍しくないようである。ここではむしろ、この研究者の東洋へのステレオタイプ＝オリエンタリズムを問題にしなければならないだろう。

文様が先か、物語が先か

さらに、柳模様と呼ばれるこの文様と、物語・伝説のいずれが先か、という論争もある。つまり、この文様にしたがって物語が作られたのか、あるいは物語にしたがって文様が案出されたのか、ということである。これについては、たとえば、二〇世紀初頭にウェッジウッドのロンドン店のマネジャーだったハリー・バーナード Harry Barnard という人物は、「その文様が物語を示すために作られたのか、物語がデザインによって喚起されたものなのかは分からない」と、ウェッジウッド美術館のホームページで述べている。しかし、現在の研究者の間では、文様が先で、後から物語が加えられたというのが定説である。

たとえば、バーナード・ウォトニーは次のように述べている。

このカタイについてのロマンティックなヴィジョンは、一九世紀にスタフォードシャーの陶工によって大量生産の安価な食器として、その最終的な文様で出回ることで大人気を博した。適切な伝説の創造はそのアピール度を高め、その持続を確実にした。(p.121)

オナーもまた、同様な説を述べている。

この文様はいくつかの中国のモティーフを統合していたが、ナンキン磁器のいずれかよりもアングロ・チャイニーズ庭園の理想に似ていた。しかし、それはまもなくパゴダ、邸宅、橋の上を急ぐ三人の人物、彼らの上空を旋回する二羽の鳥の重要性を説明するロマンティックな物語を獲得した。(p.196)

柳模様について述べた文献の大部分が、こうした見解を支持している。

ただし、先にも述べたように、こうした議論もまた研究者レベルでは、ということであり、一般のイギリスの人々がどう考えていたかは、また別の話である。そのあたりについては次章で見ていくことにしよう。

三章

近代イギリス社会と柳模様

1 柳模様の広がり

ここでは、様々な資料を用いて、近代イギリス社会のなかで柳模様がどう受容されてきたかを見ていくことにしよう。

柳模様の皿ゲーム

柳模様は、陶磁器の文様であるが、そのほかにも様々なところで使用されていた。柳模様の物語を印刷したカードを使ったゲームが行われていたようである。筆者が二〇〇四年の秋にイギリスを訪れた時にヴィクトリア・アンド・アルバート博物館で入手したものは、そのものずばり「柳模様の皿ゲーム Game of the Willow Pattern Plate」というタイトルがついていた（図版16）。その説明書によると、このゲームはもともと一八世紀のイングランドで販売されていたものだそうである。しかしながら、この「柳模様の皿ゲーム」の物語は、すでに紹介した柳模様物語とはかなり違って

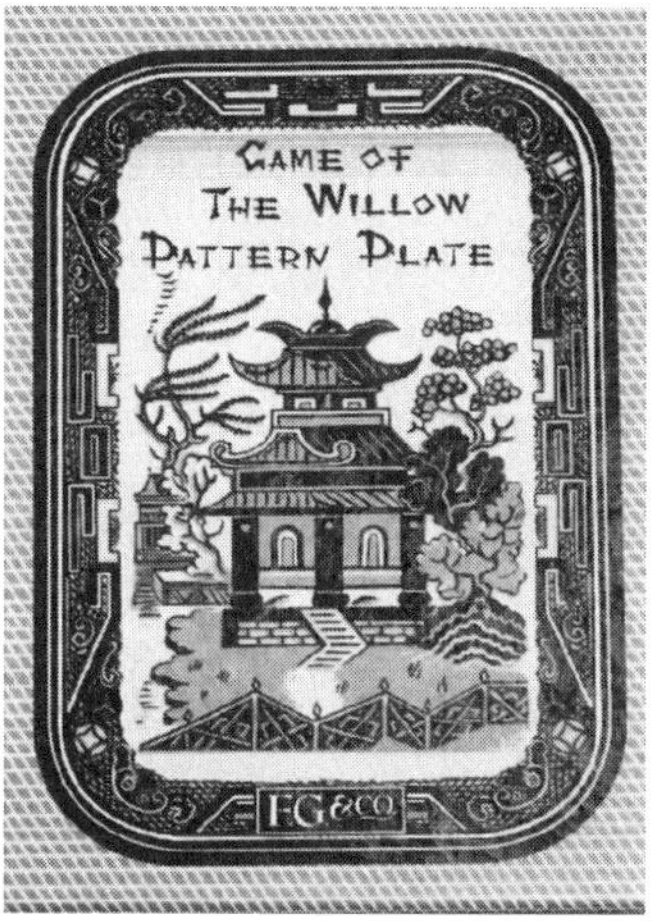

右：16　「柳模様の皿ゲーム」のケース。典型的柳模様の中心部分が描かれているが、このゲームの物語は柳模様物語とはかなり違う

左：17　柳模様物語のクーン・セーに当たる女性。Lu-Khat-Meeは「私を見てLook at me」のつもりだろうか

いる。そもそも、このゲームの物語は柳模様物語ではなく「嘆きの柳」である。柳模様の中央の邸宅の主はマンダリンであるはずだが、このゲームでは緑青を茶葉に混ぜて大儲けする悪徳商人である。柳模様物語のマンダリンには名前がなかったが、この商人にはFat-Ol-Buffaという名が与えられている（太り気味の老人あたりまでは見当がつくが、buffaはオペラの滑稽な役どころの女性歌手のことなので、どういうつもりでこういう名を付けたのかよく分からない）。娘は大変魅力的な女性で、この娘が手にした扇子の風に触れた男性は、すべてこの娘の魅力に魅惑されてしまうのだという。柳模様物語のクーン・セーとはやや趣の異なる女性のようである。実際、名前は、クーン・セーではなくLu-Khat-Meeである（図

版17)。また、このカードには橋の上を三人の人物が歩く場面も登場しない。カードの説明にはロミオとジュリエットなどという文字も見える。この「柳模様の皿ゲーム」の物語と柳模様物語で共通するのは、娘が親の薦める大金持ちとの結婚を拒否するところと、恋人たちが最後にはつがいのキジ鳩になって幸せに暮らすというところだけである。

このゲームは「嘆きの柳」という物語を改編したものだというが、それが本来どういう物語なのかよく分からない。仮にこのゲームが発売されていたのが一八世紀だとすれば、柳模様物語はまだその時代には成立していなかったということになるだろう。ではこのゲームの物語、「嘆きの柳」と柳模様物語との関係はどうなのか。その点もよく分からない。しかし、柳模様の皿はすでにあったのであろう。でなければ、このゲームは成立しまい。少なくとも、ゲームのタイトルが違ってくるだろう。

ゲーム以外の娯楽にも柳模様は登場する。この時代のロンドンには様々な見世物があった。のちほど紹介するが、その見世物の舞台装置でも柳模様は重宝されたようである。もちろん、その舞台で柳模様物語が演じられもした。これも詳しくはのちほど紹介するが、『タイムズ』*The Times* によれば、一八五二年に「柳模様の皿」という演劇の広告が出ているので、この頃にはすでにこの物語が演劇として上演されていたことになる。

シャグバラー園の中国の家

庭園でも、柳模様風の庭園が造られた。こうした庭園がどれくらい造園されたのか定かではないし、今日どれくらいの庭園が保存されているのかもよく分からないが、ここでは筆者が実際に訪れた二つの庭園を紹介しよう。訪れたのは二〇〇四年のことである。

これらの庭園は、いずれもイギリス窯業のメッカといってよいスタフォードシャーのストーク・オン・トレントの近くにある。このことに意味があるのか、偶然なのか、今のところよく分からない。最初に訪れたのは、スタフォードの町の郊外にあるシャグバラー園 Shugborough Estate である。スタフォードへはストーク・オン・トレントから列車で二〇分ほどである。ここは貴族の庭園である。このシャグバラー園の基礎は一七世紀にあるそうだが、今日あるような規模にしたのは、中国を含む世界周航を成し遂げ、提督として海軍の改革にも尽力したとされるジョージ・アンソン George Anson（一六九七〜一七六二年）と、その財産を受け継いだ弟のトーマス・アンソンであるという。

スタフォードの町からこの庭園へは、タクシーで行くほかはない。町のはずれのホテルから一〇分ほどで庭園の入り口に着いたが、ここからがかなり長い。貴族の館はどこでもそうだが、入り口から館までかなりの距離がある。途中、牛や馬が横切る道を通り、二、三分で館の近くの駐車場に着いた。やはり広大な領地である。ここの庭園の目玉は、私にとっては「中国の家 Chinese House」である。東洋の人間にとっては何の変哲もない建物と橋だが、要するに庭園に中国的な雰

18　シャグバラー園の中国の家

囲気を与えているわけである。すでに述べたように、庭園に中国的なシーンを加えたアングロ・チャイニーズ庭園が流行していた時代なのである。写真のように（図版18）、確かに中国的な雰囲気は感じられるが、ここは柳模様の雰囲気とはほど遠い。

ビダルフ園の柳模様の庭

だがこの近辺には、紛れもなく柳模様といえる庭園がある。その庭園はストーク・オン・トレントから車で二、三〇分ほどのビダルフという所にある。ジェイコブソンによれば「イングランドで最後の大アングロ・シノワ庭園」（p.186）とされるビダルフ園 Biddulph Grange Garden である。

日本で見ていたガイドブックでは、この庭園へはストーク・オン・トレントの駅前から、二〇分ごとにバスが出ているということだったのだが、宿泊したホテルのフロントで聞いても分からないという。おそらくタクシーで行くしかないのだろうが、この時はホテルのスタッフが庭園まで送ってくれた。このホテルは、のちほど紹介するストーク・

19　ビダルフ園の中国庭園。柳模様の雰囲気が感じられる

オン・トレント駅の真っ正面にある立派なホテルである。

このビダルフ園は、蘭のコレクターとして有名だったジェームズ・ベイトマン James Bateman（一八一一〜九七年）とその妻マリア、そして彼の友人の画家エドワード・クック Edward Cooke（一八一一〜八九年）、この三人の手によって造られた。現在はナショナルトラストの管理下にある。私はただひたすら中国庭園だけを見学したが、ここには、中国庭園のほかにエジプト風庭園、イタリア庭園など様々な庭園がある。ナショナルトラストが刊行しているこの庭園のガイドブック『ビダルフ園』（一九九二年）によれば、この庭園が造営された当時は、その庭園の国際的景観が一八五一年のロンドン万国博覧会と比べられたのだという。

20　ビダルフ園の中国庭園。柳模様の橋をイメージしたものか

さて、写真（図版19、20）でお分かりのように、この庭園は明らかに柳模様のイメージを再現しようとしたものである。ただ単に、建物や橋が中国風であるというだけでなく、その周辺に配置された植物も、日本を訪れたこともある、かの有名なプラント・ハンター、ロバート・フォーチュンRobert Fortune（一八一三〜八〇年）らがもたらした極東のものであった。実際この庭園は、当時その柳模様の効果のゆえに激賞されたという。先のガイドブックにも「柳模様の景観」と紹介されている。先に紹介したシャグバラー園の「中国の家」や、キュー・ガーデンのパゴダを見て、柳模様を連想するのは少々苦しいが、この庭園は確かに、これが柳模様かと人々を納得させたのではないかと思われた。

21　1752〜53年に建設されたというハンプトン・コート・ブリッジ。「柳模様のシノワズリーのデザインに似ている」との説明がなされることもある

柳模様の橋

残念ながらもはや存在しないのだが、柳模様の雰囲気を持った橋も建設された。テムズ川にかかるハンプトン・コート・ブリッジである。図版21にあるような、いかにも中国風の橋である。この図版はインピーの著書からのものだが、「テムズ川 その橋」という興味深いサイトがあり、その説明によると、「それは七つのアーチを持つ木製の橋であり、柳模様のシノワズリーデザインに似ていた」とある。ただし、建設されたのは一七五二から五三年にかけてだという。一七五〇年代にすでに柳模様が案出されていたという説は、さすがにないので、むしろ柳模様が世に出た後に、この橋が柳模様の雰囲気を持っていると評されたということであろう。ただし、この橋は一七七八年には別の形を持つ橋に架け替えられたそうであるから、この説はインピーの主張するように柳模様が一七七〇年代にはすでにあったと考えないと成立しない。ついでながら、この柳模様に似ているという説

明は、英語版のウィキペディアでもほとんど同じである。どちらかが真似したのかもしれないが、これらの説明が何を根拠にこの橋を柳模様と結びつけているのかは分からない。ちなみにインピーは、この橋をただ「シノワズリーの橋」としか紹介していない。しかし、この橋を見て柳模様だと感じる人々がいたことは確かであろう。それは懐古的に、であったかもしれないが。

文学作品のなかの柳模様

文学作品においても柳模様は登場する。たとえば、トーマス・ハーディの名作『日陰者ジュード』（一八九六年）の冒頭である。

鉛の小さな桟のはまった窓——そんな窓の中に菓子瓶が五つと、味付けパン三個を載せた柳模様の支那皿一枚とがあった。（大沢衛訳、岩波文庫、一九五五年）

「柳模様の支那皿」とあるが、原文では a plate of the willow pattern とある。これは明らかにイギリス製の柳模様だから、ここは「柳模様の皿」としておいたほうがよいであろう。もっとも、日本の読者には「中国の風景を描いた柳模様の皿」とでもしておかないと、どんな皿か見当がつかないであろうが。

この作品の主人公ジュードは、燃えるような学問への情熱を持ちながらも、極貧のなかを生き、死んでいく。この一節は、ジュードが子供の頃世話になっていた大叔母の経営する、田舎の小さなパン屋の情景である。どうしてこのパンを載せた皿が柳模様でなければならなかったのか。柳模様の皿は至極ありふれた、しかし明確なメッセージを持った皿だったからではなかろうか。

ジュードの物語は、エリートの世界に激しく憧れる民衆的な世界の人間の話だが、エリートの世界を描いたジョージ・メレディスの『エゴイスト』（一八七九年）にも、柳模様は登場する。主人公は、イギリスの支配階級である地主階級の御曹司で、極貧のジュードとは違って何不自由なく育てられた人物である。「エゴイスト」とはこの御曹司のことで、物語は御曹司の嫁取り物語である。御曹司の名はサー・ウィロビー・パタン Sir Willoughby Patterne という。この名前は明らかに柳模様、つまりウィロー・パタン willow pattern をもじったものである。作品では次のように使われている。

「じゃ磁器はやめるわ。とにかくあの人と相談したい。あの人とちょっとおしゃべりするつもりで来たんです。私にはわかるような気がするけれど、あなた方を両方ともよく知ってる人でないと、あの人は誤った印象を与えかねないわ。『あの磁器は返してもらうわ』ゆうべ握手のときブッシュ夫人は私に言ったのよ。『柳の模様にすればよかった』って。それから本当にこうも言ったのよ。『あれじゃあの男、またふられるときまったわ！』って」（朱牟田夏雄訳、岩波文庫、一九七八年）

「柳の模様」はウィロー・パタンの訳だが、ここではウィロー・パタンがウィロビー・パタンにかけられている。この台詞は、ウィロビーの後援者を自認する上流階級の女性、マウントスチュアート夫人のもので、要はこの夫人のライヴァル、ブッシュ夫人が、婚約者に逃げられた経験を持つウィロビーがまたしてもふられるだろうと、予言したというものである。しかもこの予言がどうやら見事に当たってしまうのである。

さて、問題は、上流階級の嫁取り物語のなかにどうして柳模様が登場するのかである。一つは作者メレディスが下層ミドルクラスの出身であり、おそらく柳模様に子供の頃から親しんでいたからであろう。同時に、この柳模様が上流階級の間でもよく知られており、上記のような会話もさほど不自然ではなかったからであろう。訳者の朱牟田は、「柳の模様」の訳注で「青色の柳の模様の陶器というのは、一八世紀後半ごろからかなり流行したもので、多くは安物であった」と述べている。そうかもしれないが、だからといって柳模様がもっぱら庶民の世界のものだったというわけでもないのである。

絵画のなかの柳模様

ラファエル前派の総帥、かのダンテ・ガブリエル・ロセッティ Dante Gabriel Rossetti（一八二八〜八二年）の「格子窓の少女」（一八六二年）という作品のなかに、ブルー・アンド・ホワイトの花瓶が見える。谷田博幸はこれを柳模様だと考えているようである（『唯美主義とジャパニズム』七三頁)。図版22を見ればお分かりのように、これを柳模様と断定するのはいささか苦しいが、雰囲気的に柳模様に似た作品だとはいえよう。ロセッティは東洋の陶磁器を収集していたので、そのなかに、おそらくイギリス製であろうが、柳模様があったとしてもさほど不思議ではなかろう。アリシア・クレイブ・ファクソンの『ロセッティ画集』(河村・占部訳、リブロポート、一九九三年)に、ロセッティが収集したという東洋の陶磁器のコレクションの一部が見えるが、残念ながらそこには柳模様はない。それはともかく、ロセッティと柳模様、なかなかおもしろい取り合わせではある。

22 ロセッティ「格子窓の少女」。柳模様に似た文様の花瓶が見える

また、以下において紹介するように、一八四一年に創刊された、当時の代表的風刺週刊誌『パンチ』や、イギリスを代表する高級紙『タイムズ』、あるいは先にも触れた『疑問と注解』という、一八四九年に創刊され、その後長く人気を保った骨董やフォークロアの研究誌でも、柳模様は盛んに取り上げられている。

2 柳模様の認知

柳模様に関する初期の記録

前節で見てきたように、柳模様はかなり広くイギリス社会に浸透していたのだが、ではそもそも柳模様は、イギリス社会においていつから社会的現象となったのであろうか。つまり、柳模様が人気のある陶磁器の文様として社会的に受け入れられたのは、いつの頃からなのであろうか。

このことを正確に確定することは、もちろんきわめて難しい問題である。だが、おおよそのことは分かりそうである。先に、一八世紀には柳模様の物語を印刷したカードを使ったゲームが行われていたようだと述べた。このカードの存在は間違いないと思われるが、一八世紀には、というところは、私が入手した複製のカードの説明によるものである（四二頁参照）。この説明にどれほどの信憑性があるのか、いささか疑問もあるが、全くのでっち上げということは考えにくい。後で述べるように、一八六三年の『タイムズ』に、柳模様のゲームの広告が掲載されているからである。とすれば、柳模様という文様が案出されたのは一七八〇年頃であろうから、柳模様はかなり早い時期からイギリス社会に広まっていたのかもしれない。

だが、もっと確実な資料は一九世紀中葉にならないと確認できない。ヴィクトリア時代（一八三七〜一九〇一年）の英国においてきわめて大きな役割を果たした風刺週刊誌、かの『パンチ』の一八四五年の第九巻に、柳模様の皿が「間違ったデザインの一派」と題する風刺画に使われている（図版23）。ここに描かれている柳模様は、一部が欠けているものの、まさに典型的柳模様を左右反転させたものである。この挿絵は、遠近法を欠いた柳模様を模写している画学生を風刺したものと思われるが、この風刺を理解するには、読者が柳模様になじんでいなければならない。とすれば、ヴィクトリア時代よりもかなり前から、柳模様に人々が親しんでいたことになるだろう。次に『パンチ』に登場するのは一八四八年のことで、「探検家のための

23 「間違ったデザインの一派」
（『パンチ』1845年第9巻）

ニュース」と題する風刺画のなかに中国を表す背景として登場する（図版24）。柳模様のデザインに特有なつがいのキジ鳩があるので、それと分かるのだが、この絵はいささか分かりにくい。

24　「探検家のためのニュース」（『パンチ』1848年第15巻）

この一八四八年には、イギリスを代表する高級紙『タイムズ』にも柳模様が登場する。これも柳模様そのものを論じたものではなく、ある経済論争に絡んでその一例として出てくるだけである。

> 金は一定量の小麦、肉、あるいはバター、砂糖、キャラコ、柳模様の皿、ハンブルグ葡萄、ウエストファーレンハム、ボローニャーソーセージなどと交換できない。

こうした形で柳模様が出てくるということは、やはり柳模様がこの時代にかなり広範に広まっていたことを示唆しているだろう。

とどめは、すでに見た『ファミリー・フレンド』という雑誌の創刊号（一八四九年）に掲載された「柳模様の皿の物語」である。この資料は柳模様を考える場合に決定的に重要な資料であるので、以下に改めて詳しく紹介するが、この時代における柳模様の人気の高さを証明し、同時に、すでに紹介した通り文献資料として初めて、柳模様物語を紹介している。

以上の資料から、柳模様は遅くとも一九世紀の前半、特に一八四〇年代には、イギリス社会にかなり浸透し、相当な人気を博していた、と判断してもよいだろう。

『ファミリー・フレンド』の柳模様

先に見たように、確実な資料としては、『パンチ』への登場がもっとも早いのだが、近代イギリス社会のなかの柳模様について考えるには、まず『ファミリー・フレンド』の資料を見ておかねばならない。これが何といっても出発点である。

ここでは、先に紹介した「柳模様の皿の物語」と題された記事の最初の部分を紹介してみよう。

最上の陶器と磁器に与えられる名前は、その起源を示している。チャイナという名前は、マントルピースの装飾に、クローゼットの陶器に、そして東アジアで北から南に延びる巨大な帝国にも同じように適用される。おそらくこの国に、われわれの日用品は、その多くを負っているのである。中国人が文明の光が射す遥か以前に、眼鏡、虫眼鏡、火薬、銑鉄を知っていたのは確かである。文明は、太陽のように東で興り、今や西洋で頂点に達している。

われわれの現在の窯業は、美しさにおいて中国人が作った陶器よりも遥かにまさっている。しかしながら、人気があるのは、やはり中国人の文様と形である。こうした嗜好の顕著な例が、「柳模様」として知られているブルーの皿の売れ行きが、その他の文様をすべて合わせたものを凌駕しているという事実にある。柳模様という名前は、その皿の中心に配置されている柳に由来するものである。その柳は春の、その葉がつく前に花を開花させている柳を表そうとしている。

柳模様の皿の神秘的な人物について、熱心に考えてみたことのない人がいるだろうか。子供じみた好奇心で、橋の上の三人の人物が何をしているのか、彼らはどこから来て、どこへ行くのかを、不思議に思ったことのない人がいるだろうか。……

懐かしい柳模様の皿。芸術的美しさを欠いているにもかかわらず、それはわれわれにはいとおしいものである。それはわれわれの子供の頃の記憶と結びついている。それは古い友人や仲間の絵のようである。その肖像を、われわれはあらゆるところで見るのだが、決して飽きることはない。その魅力は変わることはない。……

……以下の物語は、中国人にはわれわれにとってのジャックと巨人や、ロビンソン・クルーソーの話のようなものだといわれている。……

この後に、すでに紹介した「柳模様の皿の物語」が続くことになる。

先にこの資料の重要性を指摘しておいたが、実際、ここで述べられていることはきわめて興味深い。この資料から、柳模様はイギリスの人々にとっては子供の頃から馴染みのあるものであり、非常に強い印象を与えていたこと、そしていうまでもなく非常に人気のあるものであったことを窺い知ることができる。また、この記事の筆者が、中国を文明の先輩として認めつつも、現在ではむしろ西洋が中国を遥かに追い越したのだという、この時代にあって支配的といってよい中国観を持っているということにも注目すべきである。そうした中国観を持ちながらも、なおイギリスの人々が中国的なものに強く惹かれていることを率直に認めているところが、この資料の興味深いところだろう。この点については後で改めて考察しよう。

この記事の筆者は、先にも述べたように、柳模様物語を中国起源としているのだが、実は、柳模様そのものも中国起源だと考えていた可能性が高い。というのは、物語の説明の部分で、柳模様の描かれ方について「中国人の芸術家は遠近法をほとんど、あるいは全く知らない」という記述があるからである。さらにこの筆者は、柳模様を「中国人の文様 Chinese patterns」と呼んでいるのである。前章の「柳模様の案出者」のところでも触れたように、この当時は柳模様を中国起源だとする考え方もあったので、こう考えることが見当違いというわけではない。だとすると、中国的なものへの憧憬は、この記事の匿名の筆者J・B・L氏にとっては、イギリス製の中国的なるものへの憧憬ではなく、文字通り中国的なものへの憧憬だったことになるだろう。

3 『疑問と注解』の世界

『疑問と注解』の投稿欄

『疑問と注解』（図版25）も、柳模様にとってはきわめて重要な資料の一つである。この雑誌は、一八四九年に創刊され、その後長く人気を保った骨董やフォークロアの研究誌である。といっても、さほど専門的ではなく、むしろ素人愛好家の同人誌という趣も強い。この雑誌には、素人愛好家が骨董やフォークロアなどに関する様々な疑問を寄せ、それに対してやはり素人愛好家が回答を寄せるというコーナーがある。これを一つの売りものにしている、かなりユニークな雑誌である。

さて、この雑誌には柳模様に関する疑問も取り上げられ、それに対して回答も寄せられている。以下にその一部を紹介してみよう。

この雑誌に初めて柳模様が登場するのは、一八五二年の一一月二七日号である。「小さな疑問」と出されたコーナーに、次のような疑問が提示されている。

柳模様が示す伝説は何か。また、柳模様の起源はいつか。A・A・D

見ての通り、投稿者は匿名である。これに対する回答は、翌一八五三年の六月二五日号に寄せられている。

明らかに中国のデザインである。船橋楼などはまぎれもなく中国のものである。遠近法の欠如も明らかに中国のものである。私は上海の店でまさしく柳模様の、少なくともほとんど柳模様と差異のない文様の陶器を見たことがある。上海在住のH・B

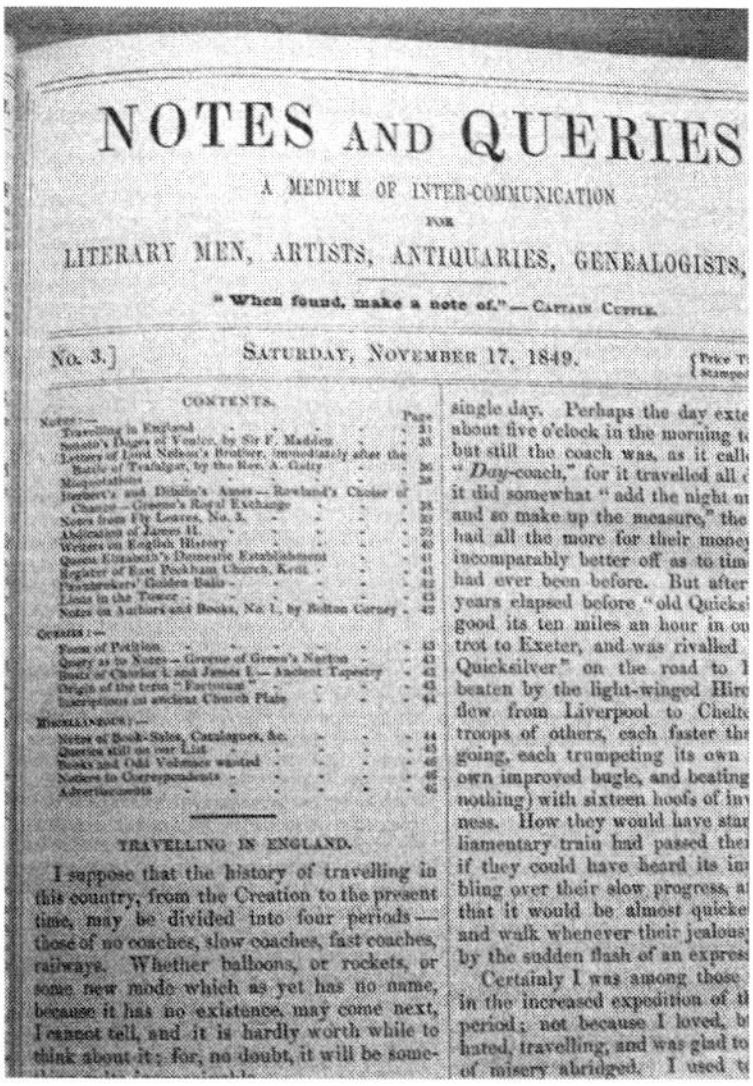
NOTES AND QUERIES

A MEDIUM OF INTER-COMMUNICATION FOR LITERARY MEN, ARTISTS, ANTIQUARIES, GENEALOGISTS,

"When found, make a note of." — CAPTAIN CUTTLE.

No. 3.] SATURDAY, NOVEMBER 17, 1849.

CONTENTS.

NOTES: —
Travelling in England
Letters of Lord Nelson's Brother, immediately after the Battle of Trafalgar, by the Rev. A. Gatty
Notes from Fly Leaves, No. 3.
Abdication of James II.
Writers on English History
Queen Elizabeth's Domestic Establishment
Register of East Peckham Church, Kent
Pawnbrokers' Golden Balls
Lions in the Tower
Notes on Authors and Books, No. 1, by Bolton Corney

QUERIES: —
Form of Petition
Query as to Notes — Greene of Green's Norton
Inscriptions on ancient Church Plate

MISCELLANEOUS: —
Notes of Book-Sales, Catalogues, &c.
Queries still on our List
Books and Odd Volumes wanted
Notices to Correspondents
Advertisements

TRAVELLING IN ENGLAND.

I suppose that the history of travelling in this country, from the Creation to the present time, may be divided into four periods — those of no coaches, slow coaches, fast coaches, railways. Whether balloons, or rockets, or some new mode which as yet has no name, because it has no existence, may come next, I cannot tell, and it is hardly worth while to think about it; for, no doubt, it will be some-

single day. Perhaps the day exte… about five o'clock in the morning t… but still the coach was, as it call… "Day-coach," for it travelled all … it did somewhat "add the night u… and so make up the measure," the… had all the more for their mone… incomparably better off as to tim… had ever been before. But after … years elapsed before "old Quicks… good its ten miles an hour in ou… trot to Exeter, and was rivalled … Quicksilver" on the road to … beaten by the light-winged Hir… flew from Liverpool to Chelt… troops of others, each faster th… going, each trumpeting its own … own improved bugle, and beating … nothing) with sixteen hoofs of in… ness. How they would have sta… liamentary train had passed the… if they could have heard its in… bling over their slow progress, a… that it would be almost quick… and walk whenever their jealous… by the sudden flash of an expres…

Certainly I was among those … in the increased expedition of t… period; not because I loved, b… hated, travelling, and was glad to … of misery abridged. I used t…

25 『疑問と注解』表紙
（第３号、1849年11月17日）

船橋楼とは、柳模様に描かれた船の中央部に見える船楼のことである。ここで述べられているのは、柳模様は中国で作られたものだということである。先ほどの疑問への回答としては、ややずれているような気もするが、これは間違いなく先の疑問への回答のつもりでなされた投稿である。すでに述べたように、柳模様は中国起源だとの説もあるわけだが、H・B氏もそう考えているようだ。H・B氏が上海で見たという柳模様がいかなるものであったのか、気になるところだが、文脈的に見ておそらくH・B氏は中国製の柳模様を見たといいたいのであろう。中国において輸出用にイギリスの柳模様をコピーしていたので、H・B氏が中国製の柳模様を見た可能性はありそうだ。しかし、すでに見たように、柳模様によく似たナンキンなどの中国製磁器もあったので、この種の磁器を柳模様だといっているのかもしれない。あるいは、イギリス製であった可能性もあるだろう。残念ながら柳模様の伝説については回答がない。

柳模様の起源について

この後、しばらく間をおいて一八六七年二月二三日号に、再度柳模様が登場する。今度はやや長いのだが、なかなか興味深いので引用してみよう。

この有名な柳模様の皿が中国に起源を持つものなのか、あるいは「天朝」の芸術をヨーロッパ流に模倣したものなのかがしばしば問題になっている。以下に掲げるこの件についての説明は興味深いものであり、もしこれが事実であることが証明できれば、この問題に決着をつけることになるだろう。昨年私はフィレンツェで、陶磁器の文様デザイナーであるメイヤー Meyer ないしはマイヤー Mayer なる人物に出会った。近年、イタリアやスイスなどの大陸諸国で柳模様の陶器が大量に出回るようになったので、ある時この問題について会話することになった。私はこの人物に、柳模様が本当に中国起源のものなのかと尋ねた。彼によれば、確かにそうであり、一七七六年頃にある船長から中国の皿を手に入れた彼の祖父によってハンリーにもたらされたという。その皿のデザインから最初のイギリス人による柳模様が作られたそうである。彼はこの皿は今でもドイツの彼の家にあるという。このデザインは現在のものとはかなり異なっており、一七七六年から現在までの間に、国境地域を中心に多くの変種が作られたという。彼の家族はもともとハンリーの出身であり、彼はこの地で「デザイナー」として著名であるという。ハンリーに照会すれば、以上の情報の真意を確かめられよう。私は最近トスカーナ製の新しい柳模様の皿を発見した。それは二羽の鳥（キジ鳩）が飛び魚に変身するというものであった。彼はフィレンツェを離れてしまったが、この変化の起源について聞いておけばよかった。彼は尊敬すべき人物であり、私は彼のいったことは信用できそうだと思っている。　フィレンツェにて　J・H・ディクソン

「天朝」とは中国のことであり、ハンリーは、イギリスの窯業の中心地、ストーク・オン・トレントの中核となっている町である。ディクソン氏がどういう人物なのか全く分からないが、この人物が紹介しているのは中国起源説であり、しかもいかにももっともらしく語られている。繰り返すが、現在の研究者の間ではともかく、柳模様が中国起源だという説は、近代イギリス社会に根強くあったようである。もっとも、二羽の鳥が魚に変身する柳模様となると、いかに柳模様がいろいろあっ

たとはいえ、これを柳模様の範疇に入れるのは難しいであろう。

「正統」な柳模様とは

一八六七年は柳模様を巡る論争がかなり盛り上がった年のようで、さらに五人の人物による投稿があった。四月一三日号には、三人の人物が投稿を寄せている。

まずは、自分の持っている柳模様こそが「正統」なり、と主張する人物の投稿から。

これまでの調査はきわめて不十分なものである。『ファミリー・フレンド』の第一巻には、この文様が表す物語の説明が出ている。それによれば、この物語は中国人にとっては、われわれにとっての巨人殺しのジャックやロビンソン・クルーソーのようなものだという。そうかもしれないが、その物語は私にはその文様から読み取れるものというよりも、その文様に合わせたものであるように思える。『ファミリー・フレンド』の筆者は「正統的な皿」なるものを提示する。それは右側に大きな邸宅があり、左側のより小さな邸宅と三つのアーチを持つ橋によって繋がっている。その橋の上を三人の人物が進みつつある。その上部にはマスト付きの船があり、男が一人乗っている。さらにその上部には島があり、住居が見える。ツバメに似た二羽の鳩が空を飛んでいる。もっとも、この文様には多くのヴァリエーションがあるので、特定のものを正統と断定するのは困難である。三つのアーチを持つ橋を描くものもあれば、アーチが一つしかないものもある。

橋の上に登場する人物は、三人の場合もあれば、一人の場合もある。銃を持った人物が描かれているものもある。橋はあるが鳩はないものもある。皿の周縁部の違いも大きい。これらの文様は、均衡と遠近法が無視されているという以外に共通点は少ない。しかし、特定のものが「正統」とされている理由を考えることは有益かもしれない。それは古さや導入の時期によるのではなかろうか。「正統的な皿」は、最初に導入されたものとは思われない。私が入手したきわめて古い皿こそが最初のものではないかと思われる。それは深いブルーであり、文様に白地はほとんどない。大邸宅が真ん中にあり、庭では二人の人物がお辞儀をしている。一人の男が船をこいでいるが、遥か下の方に位置している。空を飛ぶ鳥は見えない。縁は蝶や家、あるいは門などをあしらい、きわめて洗練されている。私はこれこそが正統な文様だと考える。だから、世に伝えられている柳模様伝説は信用できない。……　F・C・H

F・C・H氏が取り上げている「正統的な皿」とは、本書でいう典型的な柳模様を指すようである。F・C・H氏は賛成できないようだが、本書がいう典型的な皿が「正統的な皿」として通用していたのであろう。この人物は、文様が先に作られ、それに合わせて物語が案出されたと考えているようであるが、これはすでに述べたようにその通りである。また、柳模様といってもいろいろあるというところもまともである。だが、この人物は詰まるところ自分の所蔵している皿こそが正統なのだといいたいだけのようである。F・C・H氏が正統だと考えている柳模様は、柳模様そのものではなく、すでに述べた柳模様のお手本になったと思われるナンキン（図版7、8参照）の一種であろうと思われる。ナンキンはあくまでも柳模様の先行形態であって、柳模様そのものではないから、遺憾ながらF・C・H氏の説は、おおかたの研究者の支持を得られないであろう。

愛好家たちの議論

次の人物はかなり曖昧な知識で議論しているようである。

柳模様の陶器の導入は、チャファーズ Chaffers 氏によってジョン・ターナー John Turner 氏によるとされている。「ターナー氏の陶器と文様のすばらしさは、彼に多大な支援者を獲得させた。一七八〇年、彼は有名な柳模様を生産した。これは今日でもなお大いに需要がある。また彼は、イングランドで最初のブルー・プリントのテーブル・ウェアーを完成させた。その文様はナンキンと呼ばれており、一七八二年に生産されたブローズレーのティー・サービスに似ている。トーマス・ミントンはその食器セット一式を完成させるのを助けた」（W・チャファーズ『陶器と磁器』一八六三年）。また、この本のなかで、ハンリーのマイヤー Mayer について次のように述べられている。「ハンリー。スタフォードシャー。エライジャ・マイヤー Elijah Mayer はウェッジウッドの同時代人であり、クリーム色の陶器と茶色の線の入った陶器で有名である」。カスバー・ビードビード氏はジョン・ターナーとトーマス・ターナーを混同しているようである。窯業関係でジョン・ターナーという場合、少なくとも二人の人物を想起しなければならない。トーマス・ターナーやジョサイア・ウェッジウッド Josiah Wedgwood（一七三〇〜九五年）などの同時代の人物としては、いくつかの点でウェッジウッドよりも優れていると評されることもあるジャスパー・ウェアーを生み出したジョン・ターナー（一七三八〜八七年）である。いま一人は、一九世紀初頭に橋の上に二人の人物を配し、鳥がいない柳模様のデザインを考案したとされるジョン・ターナーである。ここでは一七八〇年とあるので、ビード氏はおそらく、先に柳模様の案出者のところで取り上げたトーマス・ターナーと、前者の方のジョン・ターナーを取り違えたのであろう。つまり、トーマス・ターナーのつもりでジョン・ターナーといったのであろう。だとすると、すでに述べたようにそういう説は確かにある。しかし、柳模様とは別にトーマス・ターナーが案出した文様は、ナンキンではないだろう。それはすでに述べたようにブルー・ドラゴン（図版13参照）であったはずである。後段のマイヤー氏とは、先に見たディクソン氏の投稿に登場していた人物である。マイヤー氏の素性が分かれば、柳模様の謎が少しは解けるという話であったが、残念ながらそうはいかないようである。

次の人物の議論もかなりユニークである。

私は二百年前から伝わる一〇枚の柳模様風の皿を持っている。それらは普通の陶器とはかなり異なるものである。それらはグリーンがかった白である。確かに絵は中国人のものだが、デザインはかなり優れたものである。人物はブルーで、二羽の大きな鳥は六羽の小さな鳥に置き換えられている。　フランシス・ロバート・デーヴィス

デーヴィス氏のいう柳模様風の皿は、一七世紀にさかのぼるそうであるから、これはもう中国のものと考えるしかないだろう。柳模様のお手本になった中国の楼閣山水の磁器皿に描かれた文様を、柳模様といっているのであろう。やはり、素人愛好家が侃々諤々、気ままに議論しているのである。

ナンキンについて

この年、一八六七年の五月一八日号にも、さらに二つの投稿が見える。

まずナンキンについての投稿。

私はナンキンと呼ばれているブルーの陶器の皿を持っているが、これは今日よく見かける柳模様の陶器によく似ている。私の所有する皿がオリジナルのタイプであるか、もしくは両者が共通の祖先を持つか、いずれかであると考えられる。私の所有する皿の特徴は次の通りである。大邸宅は右側にあり、小さい方は中央に位置している。通常の柳模様では二つの邸宅の間に木があるが、私の皿では木の代わりに岩がある。鳩と船は見あたらない。しかし左側の上部には島があり、邸

宅があり、木も生えている。アーチを一つ持つ橋が島に架かっている。この島から柳が生えている。……　E・M・C

柳模様はナンキン磁器をベースに案出されたものだという説をすでに紹介したが、E・M・C氏の投稿は、少なくともこの時代には、両者の関係がさほど明確には理解されていなかったことを示すものだろう。柳模様がナンキン磁器をベースとしているとすれば、E・M・C氏の所有するナンキンの皿が柳模様の一つの源泉だった可能性もあるだろう。

またE・M・C氏は、一八八〇年代からにわかに注目されるようになる、柳模様に関する押韻詩も紹介している。それは次のようなものである。

二羽のキジ鳩が空を舞う
小さな船が浮かんでいる
しだれ柳が垂れ下がる
三人の男たちがいる
領主の館
繁茂するリンゴ
取り囲むフェンスが私の話を終わらせる

これは典型的な柳模様を描写したものだそうだが、確かに柳模様の情景を歌っているようでもある。この押韻詩については、のちほど改めて取り上げることにしよう。

中国に渡った柳模様

次の投稿は、中国でのイギリス製柳模様について興味深い情報を提示している。

私が思うに、この柳模様が中国の物語を表したものだと真剣に考えているものは誰もいない。F・C・H氏が正しく言い当てたように、物語は柳模様に合わせるために書かれたものである。「正統的な文様」を、私はもっともありふれた二羽のツバメと三つのアーチを持つ橋を描いたものだと考えている。最近、イギリスの製造業者が、並の陶器製品を香港のような市場でも安売りしている。一八六一年に北京にいた時、私はわれわれの正統的な柳模様の皿の一つ（イングランドでおそらく二ペンス程度のもの）が、骨董品として五〇セントで売られているのを見た。われわれの柳模様に似た、より軽やかなデザインは中国ではありふれているが、それらのデザインには共通する条件が一つもない。われわれの「正統的な柳模様」が、中国のものであるかのように粉飾されているのではという疑惑が、皇帝の臣民に生じることは全くない。われわれの柳模様の縁は、それが非中国的なものであることをはっきりと示している。確かに、中国の幾何学文様とダマスクス文様の配列や、中国風の人物が見られるが、うまく模倣されているとはいえず、観察眼のあるものが見れば直ちに偽物と見破るだろう。Ｓｐ氏の言い分は、文様も、それにつけられた物語もイギリスのものなのだ、ということだろう。イギリス製の柳模様が中国に輸出されていたというのも、その通りである。イギリス製の中国イメージが、中国に渡っていたのである。Ｓｐ氏によれば、それが中国において中国のものとして売れようとしているようである。これが本当だとすれば、実に興味深い話である。また、Ｓｐ氏のいう「正統的な文様」は、本書でいう典型的柳模様であり、やはりこの「ありふれた」文様こそが柳模様なのである。

柳模様の歌

次は少し飛んで、一八七四年の七月と八月になる。まず、七月二五日号に、「『疑問と注解』の読者のみなさん。柳模様の皿の物語についての書物をご教示下さい。エドワード・C・デーヴィス」というごく簡単な疑問が寄せられ、これに対し、八月八日号に、「次を見よ。『ファミリー・フレンド』第一巻。H・フィッシュウィック」という、これまた簡単な回答が寄せられている。

柳模様物語は知っていても、『ファミリー・フレンド』の記事は知らない者もいたのであろう。一八六七年のE・M・C氏の投稿にあったような、柳模様に関連して歌われていた押韻詩が、一八八〇年代頃からにわかに中心的テーマになってくる。柳模様には謎が多いと何度も述べてきたが、この押韻詩もよく分からない。だれが、いつ作ったものなのかが分からない。もっとも、この手の詩や歌は、そもそも誰が作ったかなど分からないのが普通であろう。いつから歌われ始めたのかも特定は難しいが、ウィロビー・ホジソンの『古陶器鑑定法』に次のような一節が見える。

次のような魅力的なかわいい詩を聞いたことがないという者がいるだろうか。

二羽の鳩が天空を飛び
中国の小船が浮かび
しだれ柳があたりを覆い
橋の上には、四人ではなく三人の男たちがいる
中国の寺院がすべての大地を支配するかのようにある
リンゴの実をつけたリンゴの木
かわいいフェンス
ここで私の話はおしまい
(この柳模様の詩と物語は、子供の頃私の祖母に教えられたものである。彼女は一八〇〇年にスタフォードシャーに生まれ、陶磁器に関する権威であった) (p.42)

最後の( )内の注記はホジソン自身によるものである。彼女の祖母がこの歌を子供の頃聞かされ、

それを自らの子供、孫に伝えたと考えることは可能である。とすると、ホジソンの祖母は一八〇〇年生まれだから、この歌は一八〇〇年前後にはすでに歌われていたことになるだろう。彼女の祖母は「陶磁器に関する権威」だったという話だから、あるいは祖母が収集したということも考えられなくもないが、それにしても一九世紀の前半頃にはすでにあったことになるだろう。

注記に「柳模様の詩と物語」とあるように、ホジソンは柳模様物語も紹介している。先ほどの引用の後に、「このかわいい詩のみが柳模様に関連する唯一の物語ではない」として、柳模様物語を紹介している（p.43）。とすると、柳模様物語の成立も遅くとも一九世紀の前半ということになり、一八四九年の『ファミリー・フレンド』での柳模様物語の登場と、ほぼ符合することになるだろう。

もっと重要なのは、この詩と柳模様物語との関係、そして柳模様そのものとの関係であろう。ホジソンは、柳模様に関して詩と物語があるという書き方しかしていないので、この詩と柳模様物語との関係についてどのように考えているのかはよく分からない。こうした歌が柳模様物語のもとになったと考えられなくはないだろうが、何とも判断のしようがない。逆の関係ももちろん考えられよう。

この詩と物語と柳模様そのものとの関係については、ホジソンは「初期の文様は詩や物語を例示したものであったことを心に留めておいてよい。そのために、コーリー＝ターナーの文様は、一般に「物語」文様と呼ばれ、その他の柳模様の表現と区別される」と述べている。ここからは、彼女が柳模様の詩と物語を文様にしたのが柳模様だと考えていたと受け取れる。少なくともそういう柳模様もあると考えていたことになる。となると、柳模様は一八世紀の末には案出されていたのだから、柳模様の詩と物語はそれ以前に成立していたことになる。しかしながら、すでに述べたように、詩はともかくとして、柳模様物語は柳模様成立の後に作られたというのが定説である。ただ、詩についてては一八〇〇年以前に歌われていた可能性はあるだろう。もっとも、柳模様の詩が『疑問と注解』に登場するのは、一八六〇年代になってからである。これはどうしてなのかよく分からないのだが、ともかくそれらの記事を紹介していこう。

様々な柳模様の歌

まず一八八二年一〇月二八日号に、次のようなただ歌を紹介するだけの投稿がある。

次のような押韻詩が、柳模様の皿が使われる時子供の間で歌われるという。

二羽の鳩が空高く飛ぶ
小さな船が通る
三、四人の男が橋を通る
中国人の邸宅の扉が開いている
三〇個のリンゴのなった木がある
生け垣もある

私の歌はこれで終わり
フランク・リード・フォーク

このフォークFrank Rede Fowkeという人物、一八五一年のロンドン万博の開催に尽力したヘンリー・コールの娘の夫で、政府高官だった同名の人物（一八四七〜一九二七年）がいるが、もしこの人物と同一人物なら、この問題がこういうエリート層にも関心を持たれていたことになるだろう。一八八三年一月一三日号の投稿は、この詩のいくつかのヴァリエーションを紹介する。

柳模様の押韻詩には、次のようなヴァリエーションがある。

〈ウィーストでの例〉
二羽の鳥が高く飛ぶ
小さな船が通り過ぎる
太陽に輝く門
ドーヴァーに行く三人の男
リンゴの木
海のそばの小さな小屋
二羽の鳥が空を飛ぶ

小さな船が浮かぶ
川には橋が架かる
そこには三人の男が、時には四人の男がいる
巨大な城がそびえる
あたかも大地の主のように
リンゴの実をつけたリンゴの木
その下には生け垣が
これで私の歌は終わり
〈ブラックリーでの例〉
二羽の鳥が空を飛ぶ
小さな船が浮かぶ
木の橋を渡り
三人の小さな男がドーヴァーへ行く
鉄の橋は太陽に輝く
リンゴの実をつけたリンゴの木
海のそばには中国人の邸宅、柳の木、そして小さな小屋
フォーク氏は彼の詩の採集場所を明らかにしていない。私は『マンチェスター市ニュース』から

採録した。　J・クーパー・モーリー・リヴァプール

ウィースト、ブラックリーは、ともにマンチェスターの町であるが、リヴァプール氏の集めた詩の方が資料的裏付けがしっかりしているということのようだ。
この年の五月一二日号には、次のような投稿もある。

『ファミリー・フレンド』第一巻に掲載されたJ・B・Lの署名のある「柳模様の皿の物語」は誰が書いたのか。　W・A・オールナット

これには何の回答もない。すでに述べたように、この問題については未だに不明である。話題は、やはり歌の方である。一八八四年一〇月二五日号には、次の投稿が見える。

柳模様の皿の物語は、次のような押韻詩のなかで歌われている。
　庭があり
木々が茂る
マンダリン　イージー Easy の庭を Wibbledy-Wobbledy がそよ風のなかを行く
W・R・ベン

Wibbledy-Wobbledyは、不安定な、あるいは、奇妙な行動というような意味を持つWibbly-Wobblyと似ているが、ここでの意味はよく分からない。

黄禍論の影

次は一八九七年になってしまうが、やはり歌の問題に関して三つの投稿がある。まず、一〇月二三日号から。

柳模様の皿の押韻詩　次に挙げるのは、柳模様の皿の景色についての描写の一部である

二羽の鳥が空を飛ぶ
船が通り過ぎる
三人の小さな男がそこを通りドーヴァーへ行く
堂々たる城がそびえている
そこにこの地の領主が住む
リンゴの実をつけたリンゴの木がある
この生け垣のところで私の話はおしまい

この押韻詩を学んだ子供たちは、彼らが遊ぶ時に「二羽の鳥が空を飛ぶ」を歌いたがる。次のようなものもある。

二羽の小さな鳥が空を飛ぶ
二人の小さな男が通り過ぎる
二艘の小さな船が通る
二人の小さな男がドーヴァーへ行く
トーマス・ラトクリフ

次は一一月二〇日号。

柳模様に関する次のような詩もある。作者は私には分からない。

青い木立、青い橋、そして青い川を通り抜け、三人の中国人よ、おまえたちはすぐに震えながら粉みじんになるだろう
パトリック・マックスウェル

最後に一二月二五日号。

トーマス・フッドの『壊れた皿』。次を見よ。ロッカーの『琴の詩情』。

木立、青い橋、そして青い川を歩く

考えのない二人の中国人
彼らは震えて粉々になるだろう
C・F・S・ウォレン

トーマス・フッド Thomas Hood（一七九九～一八四五年）は、過酷な境遇にあえぐお針子を哀れんで作った「シャツの歌」で一世を風靡した詩人である。フッドの『壊れた皿』にこの歌が収録されているのかもしれないが、確認できない。ロッカーはフレデリック・ロッカー・ランプソン Frederic Locker-Lampson（一八二一～九五年）のことで、詩人であり、『琴の詩情』はそれなりに有名だったようである。これも『琴の詩情』にこの歌が入っているのかもしれないが、確認できない。最後の二つの投稿に紹介されている歌は、この時代の一部に見られた黄禍論的な雰囲気を反映した、これまでの歌に比べるとかなり異質な感じがするものである。

一八九八年三月一二日号にも、この歌についての投稿がある。

以下のものはこの手の押韻詩の標準的なものと思われる。

二羽の野生の鳩が空を飛ぶ
二艘の小さな船が行く
しだれ柳が垂れ下がる

橋の上に三人の男、四人ではない
世界中に知られる巨大な城がそびえる
リンゴの実をつけた木
生け垣があってここで話は終わり
アーサー・メイオール

柳模様物語をめぐって

その後再び間が空き、一九〇八年三月一四日号に、またしても『ファミリー・フレンド』をご存じない人物から、「本物の古い柳模様の陶器に刻まれた物語についてご教示願いたい。これまで何らの手がかりも得られなかった。セシル・R・フリップス」という投稿がある。
これに続いて五月三〇日号には、再び歌の話が見える。
柳模様の陶磁器　私の家事使用人が次のような歌を歌っていた。彼女はサフォーク出身で、家には古い柳模様の陶器があるという。
二羽の小鳥が空を飛ぶ
小船が行き交う
女王の城がそびえている

世界中を見渡すかのようだ
しだれ柳が垂れ下がる
橋に人が、一人、二人、三人、四人
生け垣に囲まれたミカンをつけたミカンの木
二羽の小鳥が空を飛ぶ
小船が行き交う
生け垣に囲まれたミカンをつけたミカンの木
村の木が垂れ下がる
三人の少年がドーヴァーへ行く
E・マーストン

柳模様の歌についての投稿は、これくらいで終わりである。確かに一八九八年の投稿でアーサー・メイオール氏がいうように「標準的な」歌がありそうではある。また、これらの歌には二羽の鳥、小さな船、橋などの柳模様を構成する要素がちりばめられている。必ずしもしだれ柳が登場しないのが気にはなるが、明らかに柳模様物語と何らかの関連はありそうである。そうではあるが、柳模様に関連して歌われていたという以上には、その関連性は分からない。

この五月三〇日号には、さらに次のような記事が続く。

この主題は、本誌では一八五二年一一月二七日に初めて現れ、その後たびたび取り上げられてきた。この問題はディケンズが編集していた『ベントレーズ・マガジン』*Bentley's Magazine* に「柳模様と呼ばれているウェッジウッドのヒエログリフの真の歴史」（M・L——おそらくマーク・レモンMark Lemon）と題して現れた。それはまた『ファミリー・フレンド』にも現れた。一八六七年には、柳模様に関する「謎解き」の記事がある。この伝説は、近代の絵本や少年向け読み物でもしばしば注目されており、通常巨人殺しのジャックが我が国で果たす役割を、中国の少年に対して果たしていると考えられている。おそらくウォルター・クレインによると思われる挿し絵の絵本を、かすかに覚えている。　ウィリアム・ジャガード

伝説の詳細については次を見よ。ホジソン女史『古陶器鑑定法』。　T・F・D

マーク・レモンは『パンチ』の編集者で、先に紹介したトーマス・フッドの「シャツの歌」を『パンチ』に掲載するという英断を下した人物である。これらの投稿は柳模様物語に関する文献についてのものである。『ファミリー・フレンド』には触れてきたが、柳模様に関係する研究で、『ベントレーズ・マガジン』に触れているものはなさそうである。ウォルター・クレインWalter Crane（一八四五〜一九一五年）は、アーツ・アンド・クラフツ運動にも関わった著名な画家、版画家である。クレインが柳模様物語の挿し絵を描いたのかどうか、確認していないが、彼は『アラジンと魔

26　『アラジンと魔法のランプ』の挿し絵（1875年）。版画であるが、原画を描いたのはクレインである。中国が舞台のはずだが、どういうわけか日本の芸者の姿が見える。ジャポニスムの時代である

法のランプ』の挿し絵（図版26）を描いており、柳模様を描いても様になったであろう。ホジソンの文献についてはすでに紹介済みである。

演劇と柳模様

この一九〇八年にはさらにもう一つ、八月一日号に柳模様に関する投稿があるが、これ以降は柳模様に関する演劇が話題の中心になっていく。

柳模様の陶磁器　三〇年ほど前、ロンドンのセントジョージ・ホールで「古い陶磁器」と題された作品が上演された。それはある男が「柳模様」の古い磁器のティーポットを買うところから始まった。彼はこの磁器をいたく気に入っているようであった。男はまもなく寝入り、ステージでその内容が演じられることになる伝説の夢を見る。中国人の衣装を身につけた男が次のような歌詞で始まる歌を歌っていた

　これはティーポット、主人のティーポット

コーニー・グレイン Mr.Corney Grain とケイト・ビショップ Miss Kate Bishop が主役だったことは確かである。二五年ほど前に亡くなった私の祖母が、ロンドンで上演されたものによく似た柳模様の皿の物語をたびたび聞かせてくれた。　ハーバート・サウサン

ここでいう「伝説」とは、やはり柳模様物語のことであろう。この物語を祖母に聞かされたということであろう。当時のイギリスの人々は、幼い頃からこうした経験をしてきたのである。

『ファミリー・フレンド』の物語を復刻した男

次の一九二一年六月一八日号の投稿は、『ファミリー・フレンド』に掲載された「柳模様の皿の物語」を復刻しようとした人物のものである。

柳模様の磁器　私は『ファミリー・フレンド』の記事を復刻しようと準備している。以下は、この問題に関して集めた情報の一部である。このデザインの起源とその商業的利用の起源は謎に包まれているようである。それを最初に採用したのは誰かについては、いくつかの説があるようである。ヴィクトリア・アンド・アルバート博物館の磁器部門のおかげで、次のような情報が入手できた。「柳模様は一七八〇年頃、シュロップシャーのコーリー磁器工場で生産され始め、まもなくほとんど手を加えられることなく、スタフォードシャー等の他のイングランドの磁器工場に

広まった。それは一八世紀の中国の輸出用磁器によく見られた川の風景の翻案にすぎないのだが、同じようなものが多すぎるので、そのうちのどれかを柳模様の原型として特定することは困難である」。このデザインの起源に関する取って付けたような理論は疑わしい。おそらく、いつかはこの多様な子孫を持つオリジナルな祖先と見なしうる特徴を備えた、本物の中国の手本が発見されるだろう。その縁飾りは皿などの様々な形に合わせてかなり変化した。大きく分けてスポード縁と蚊文様縁である。前者の方が早く、有名なスポード（一七七〇年創設）によって作られた。彼の後継者であるストーク・オン・トレントの コープランド社は、スポードがディナーセットなどへの柳模様の最初の採用者であり、様々な製品に柳模様を転写する技術を初めて開発したという。スポードの縁飾りはきわめてありふれたものである。その特徴は不規則な左右対称で、要塞のプランにやや似ている。車輪に似た円形の装飾もある。蚊文様の縁飾りはより芸術的であり、蚊と葉の組み合わせよりなる。柳模様と混同されても不思議ではない他のデザインがある。それらはマンダリン文様 Mandarin pattern、カントン文様 Canton pattern と呼ばれている。読者に次のような点をご教示願えればありがたい。「柳模様の皿」というコミックオペラは誰によって書かれたのか。そのオペラは二〇年ほど前にサボイ劇場で上演された。オリジナルの中国の柳模様は存在するのか。そのデザインは既存の中国の物語を描いたものなのか、それともそのデザインから物語が想像されたのか。　アレクサンダー・モーニングこの人物についてはすでに触れたように、実際に『ファミリー・フレンド』の記事を『柳模様の皿の物語』として復刻している（三六頁参照）。柳模様が中国の楼閣山水の磁器をベースとするものだというのは、その通りである。メアリー・フランク・ガストン『ガストンのブルー・ウィロー』（第三版、二〇〇四年）という柳模様のカタログ本がある。カタログ本といっても、すでに挙げたゴッデンやコープランドなどのイギリスの陶磁器研究の必読文献をふまえた、二七〇頁近くある立派なものである。このカタログでは、実際マンダリン（図版27）やカントン（図版28）は「その他の

27　マンダリン

28　カントン・ウィロー。18世紀

柳模様」とされている。つまり、これらは典型的な柳模様ではないが、柳模様の一種ではあるというわけだ。物語が先か文様が先かについては、この時代にはなお決着が付いていなかったようである。それにしても、ここに見られるオリジナルな柳模様へのこだわりは、さすがに『疑問と注解』の愛読者である。

柳模様への愛着

同じく一九二一年の次の二つの投稿（七月二三日号、八月二七日号）は、演劇に関するものである。

バジル・フッドによるオペラ「柳模様」は、一九〇一年一一月一四日にサボイ劇場で上演された。アーチバルド・スパーク

一八七三年頃に「古い陶磁器」という劇を見たことがある。……　ハーバート・サウサン

スパークが触れているバジル・フッドの「柳模様」という劇については、『タイムズ』でも取り上げられているので、のちほど改めて紹介する（一一九頁参照）。それにしても、ずばり「柳模様」などと題された劇は、柳模様愛好家には見逃せなかったであろう。最後のサウサンの投稿は、一九〇八年のものとほとんど同じである。

以上長々と紹介してきたが、柳模様が具体的にどのように話題になっていたのかがお分かりいただけたであろう。ここで紹介した期間において、柳模様は繰り返し話題になり、しかも同じような問題が繰り返し議論されていたということが分かるであろう。それぞれの論者が考えている柳模様も様々であったし、それが中国起源だとする説も根強くあった。柳模様に関しては、この当時から分からないことが多かったのである。すでに述べたように、ここでの議論は、専門家のそれというよりも、むしろ素人愛好家の間での、いってみればよく分からないままの、好き勝手な議論であったといえよう。とはいえ、好き勝手な議論から浮かび上がってくる柳模様の「正統的な皿」は、柳模様物語に合致する、本書の冒頭で紹介したような文様を持つ、伝統的な柳模様、あるいは典型的柳模様であったということはできるだろう。

それにしても、ここに取り上げたイギリスの人々は、まことに心から柳模様を愛していたように見える。だが、ここに登場した人々はいわばマニアである。もう少し一般的な人々の反応も見ておく必要があるだろう。

4 『パンチ』『タイムズ』の柳模様

『パンチ』の柳模様

柳模様は庶民的なものというイメージが強い。おそらくそれは間違いではないだろう。だが、そのことは柳模様が庶民だけのものであったことを決して意味しない。柳模様が上流階級にどれだけ広まっていたのかはよく分からないが、少なくとも中流層には決して馴染みのないものではなかった。むしろ、この層にはかなり広く普及していたように思われる。このことを裏付けるのが、『パンチ』と『タイムズ』に登場する柳模様である。というのは、『タイムズ』はもちろん、『パンチ』も決して庶民のものではなかったからである。

まずは、『パンチ』から見ていこう。『パンチ』は一八四一年に創刊された、ヴィクトリア時代の英国においてきわめて大きな役割を果たした風刺週刊誌であった。いや、『パンチ』は一九九二年まで刊行され続けたから、ヴィクトリア時代の英国において、という限定は不適切かもしれない。

それはともかく、この『パンチ』にも柳模様がたびたび登場する。一八四五年の第九巻の「間違ったデザインの一派」と一八四八年の「探検家のためのニュース」については、すでに見た通りである（図版23、24参照）。これ以降も、柳模様は、皿そのものをメインとして、あるいは中国的なものの背景としてたびたび登場する。一八八七年に掲載された「アメリカ的中国―将来の柳模様」は、柳模様物語を紹介しつつ、ヨーロッパ列強の餌食となる中国の将来の姿を柳模様の皿で描いており、きわめて興味深い（図版1参照）。この手の柳模様としては、一八九八年に「さまよえる李鴻章」という、やはり列強に翻弄される中国の姿を柳模様で描いた図版（図版29）が掲載されている。これらの図版では、柳模様が実に効果的に使用されている（なお、本書では紹介しなかった『パンチ』での柳模様の事例については、拙著『図像のなかの中国と日本』を参照されたい）。

29 「さまよえる李鴻章」
（『パンチ』1898年8月8日）

中国のシンボル

このように中国を表す表象として柳模様を用いている例は、『パンチ』などよりも

30 『ペニー・イラストレイティッド・ペーパー』1898年1月1日号表紙。典型的な柳模様が描かれている

遥かに大衆的なイラスト紙『ペニー・イラストレイティッド・ペーパー』*Penny Illustrated Paper* の一八九八年の一月一日号の表紙にも見られる。この新聞は、紙名が示すように一ペニーという安価な大衆向けの新聞である。図版30は旅順でのロシアとイギリスの対抗関係を描いたものだが、ここでの柳模様は、明らかに中国を示す記号として用いられている。この『疑問と注解』の読者たちのいう、まさに「正統の」柳模様を見ることで、読者は直ちにここが中国であることを了解したはずである。ちなみに、同じイラスト紙でミドルクラス向けの『ロンドン画報』では、このような柳模様の使用例は見つけていない。ちなみに、『ロンドン画報』は六ペンスであった。

『ペニー・イラストレイティッド・ペーパー』はおくとしても、『パンチ』での柳模様は、柳模様の人気度とともに、柳模様が中国のシンボルとして通用していたことを示すであろう。ここでは、柳模様は中国と互換可能であるとさえいえよう。先にも述べたが、柳模様は時として民衆のものとして片づけられることもあるが、『パンチ』での柳模様は、柳模様が少なくとも中流層にはかなりの影響を与えていたことを示していよう。

また、『パンチ』に使用されている柳模様は、いずれも典型的柳模様であり、この時代、柳模様といえば橋の上に三人の人物が描かれたものだったことが確かめられる。

『タイムズ』への登場

『タイムズ』は、いうまでもなくイギリスを代表する高級紙である。ここでの柳模様の登場は、先に述べたように柳模様を庶民だけのものであるかのように見なす主張を退ける。さらに、イギリスの人々が柳模様をどう受容していたのかを、かなりはっきりと示している。そこで、いささか長くなるのだが、以下において『タイムズ』の各種の記事を紹介していこう。

『タイムズ』への最初の登場は、先に述べたように一八四八年のことであった（五六頁参照）。その次は、一八五二年一月一四日のことである。ずばり「柳模様の皿」と題された劇の広告である。これはおそらくオペレッタのようなものであったと思われる。作者はガネムGanemという人物らしいが、不詳である。その劇の内容も分からない。先に見た『疑問と注解』でも、柳模様に関するオペレッタが取り上げられていたが、もっとも古いものでも一八七三年に上演された「古い陶磁器」であり、この時期にはまだ話題になっていない。ともあれ、柳模様に関連するオペレッタがこの頃創作され、上演されたこと自体、注目すべきことである。この広告は一月二九日にも掲載されている。ガネムなる人物については不詳であると述べたが、六月二一日と二五日に掲載された同じ内容の広告において、この人物の他の劇作品の上演が報じられている。したがって、この人物はこの頃にはそれなりに活躍した劇作家だったのかもしれない。『タイムズ』にはかなりの頻度で柳模様が登場するが、多いのはこのような広告のなかにおいてである。

柳模様の意味するもの

この後、広告ではなく記事中に柳模様が登場するのは、アロー戦争中の一八五七年のことである。一〇月二日の「中国」と題された特派員による記事中に、柳模様が見える。

……私には廈門《アモイ》の街をじっくり観察する暇があった。街路は非常に狭く、幅二フィートもない。私の轎《かご》は、道路の両側に積まれた商品の間をすり抜けることができない。……われわれは二、三の寺院を見かけた。それらは柳模様の皿に描かれた建物に非常によく似ていた。しかし、これらの建物以外にパブリックな建物は見かけなかった。……

ちなみに、これは七月三一日付けの記事であり、掲載までにほぼ二ヶ月のタイム・ラグがあったことになる。それはともかくとして、ここにはっきりと中国＝柳模様という発想を読み取ることができるであろう。
この一八五七年には、さすがにアロー戦争の渦中だけあって、他に柳模様に触れた三件の記事がある。次のマンチェスターで開催された博覧会についての一〇月三一日の記事は、柳模様が庶民的なものであったとの説を裏付けるかもしれない。

……マンチェスター博のような博覧会は、それを鑑賞するに足る教養を備えた人々のみに訴えることができる。……巨匠の作品に感銘できない多くの者は、ランドシアの作品を見て喜ぶことができ、彼らの趣味をいくらか高めることができる。……だが、大部分の労働者はあまりにも趣味が低劣で、その影響を受けることはできない。……彼らがパラダイス通りに住み、柳模様の皿で食べ、安価な雑誌のイラスト入りの物語に夢中になるのをやめれば、彼らに巨匠の絵画や彫刻を見せることで、ある程度影響を与えることを期待できるかもしれない。……

ランドシア Sir.Edwin Henry Landseer（一八〇二〜七三年）とは、動物画の得意なヴィクトリア時代の画家で、ヴィクトリア女王も大のお気に入りだった。巨匠の作品が理解できない者であっても、動物画なら分かるだろう、ということらしい。問題は柳模様だが、明らかにこの記事の筆者は柳模様に好意的ではない。ここでは、柳模様は庶民の低級な趣味を代表するものとして扱われているようである。

中国特派員の報告

しかし中国に行けば、柳模様こそが中国を理解するための導きの糸である。一〇月三一日と一二月一五日に、おそらく同一人物と思われる特派員からの、いずれも「中国」と題された記事が掲載されている。

まず一〇月三一日の記事から。

……中国のもので、唯一西洋人の趣味にかなう美しさを持っているのは、運河に架かる橋だけである。柳模様の皿は、他の点ではきわめて忠実だが、橋については現実を伝えていない。橋は三つのアーチを備えている場合もあるが、大抵は一つだけである。……

先にも述べたが、記事が書かれた日時と掲載の日時にはかなりタイム・ラグがあり、この記事は八月一五日に杭州で書かれたものである。橋の三つのアーチとは、柳模様には左側の下部に橋が描かれているが、その橋脚が二本あり、アーチは三つということを指している（図版15参照）。柳模様のなかには、橋脚が四本あり、アーチが五つというものもあるようだが、本書で伝統的・典型的と称している柳模様ではアーチは三つである。この記事の筆者にとっては、これが中国の橋の基本形であるはずなのだが、実際には中国の橋にはアーチが一つしかない、というわけである。であるから、この記事の筆者の考える柳模様は、やはり本書でいう典型的柳模様とされるものであろう。しかしここで重要なのは、この記事の筆者が橋以外では柳模様は忠実に中国を写していると考えていることであろう。

次に一二月一五日。

……われわれは寺院を通り過ぎ、上海のティー・ガーデンに到着した。これは一見の価値がある。それは私が中国で見たなかでは最上のものだからである。中国の庭園は通常二〇ヤード程度であるが、この庭園は一〇エーカーを越えて広がっている。そこは、パレ・ロワイヤルを雑にしたような商店街に側面を接した不規則な形をしている。この地域は広い運河によってあらゆる方向に交差している。その運河には淀んだ水が流れ、柳模様の皿にあるようなジグザグの橋が架かっているが、橋は修理されないままで、ペンキが色あせ、侘びしげである。水のないところには多くの石庭があり、大きなパビリオンのような形をしたティー・ルームが二〇ばかりある。……

こちらは上海からの記事（一〇月二三日付け）である。ここで述べられている上海のティー・ガーデンとは、おそらく上海のもっとも有名な庭園、豫園《よえん》とその周辺の茶館、湖心亭あたりの景色を指しているのであろう。湖心亭は、柳模様の中央に配されているマンダリンの館に似ており、その前には、確かに九曲橋と呼ばれるジグザグの橋が架かっている。また、この周辺には、パリのパレ・ロワイヤルと比べるのもどうかと思うが、確かに商店街もある。柳模様にあるのは、「ジグザグの橋」ではなく、ジグザグのフェンスであり、橋は先にも見たように三つのアーチを持ったものである。これらの点はこの記事の筆者の勘違いである。しかしながら、少なくとも現在の湖心亭近辺の様子は、ジグザグの橋が柳模様のジグザグのフェンスと同じような効果を醸し出し、確かに柳模様を連想させるものである。おそらくこの当時も事情はさほど変わらなかったのであろう。

上海のティー・ガーデン——豫園の湖心亭

湖心亭あたりの風景は柳模様の理解にとってはきわめて重要なので、この湖心亭について少し述べておきたい。まず問題は、この時代、アロー戦争の頃に湖心亭があったかどうかである。湖心亭はかなり古い建物のようで、一八五五年に上海初の茶館としてオープンしたようである。横浜で『極東』*Far East* を発行していたイギリス人ジャーナリスト、ブラック J.R.Black（一八一六〜八〇年）が一八七六年に上海で新たに発行した『極東』の第一号に、湖心亭の写真が載っている（図版31）。先の記事の記者が見たのは、おそらくこうした風景であろうかと思われる。この風景は、写真で見る限りでは一九〇〇年頃（図版32）とさほど変化はなさそうである。筆者がここを訪れたのは、二〇〇五年のことで、湖心亭は修復されていたが、雰囲気は写真で見る一九〇〇年頃の、さらに一八七六年頃の修復前の景観とさほど変化はなかったように思われる（図版33、34）。ただし、今はこのあたりにある茶館は湖心亭だけである。

この記事の筆者は「大きなパビリオンのような形をしたティー・ルーム」が二〇ばかりあったと

【豫園の湖心亭】

◀31　一八七六年（『極東』第一号）

◀32　一九〇〇年頃

◀33　二〇〇五年

34　湖心亭の扁額。2005年

いうが、おそらく湖心亭はそのなかでもかなり目立ったであろう。その湖心亭を中心とする風景が、『タイムズ』特派員に柳模様を連想させたのである。のちほど紹介するが、このあたりの景観を見て柳模様を連想する者は多かったのである。
　この記事の筆者は、せっかく中国で柳模様の風景を発見したのに、そこは手入れもされず放置されており、いささか侘びしく感じたということであろう。確かに一八七六年の写真では、いささか手入れが悪いような印象は受ける。

クリスタル・パレスのセラミック・コート

　次の一八五八年九月一〇日の「クリスタル・パレスのセラミック・コート」と題された記事は、柳模様に好意的ではない。

……セラミック・コートは、今最上の、そして最大規模の陶磁器芸術の勝利を示すコレクションを一堂に集めている。……リッジウェイ・アンド・レイトはいくつかのきわめて美しい磁器、特に皿とカップを展示している。これは、改善を要するどの企業にとっても価値ある目標である。

侘びしげな木と休むことを知らない鳩を描いた、かの醜い柳模様をほんのちょっと思い浮かべるだけで、改善のことを想起してしまうだろう。……

クリスタル・パレスとは、一八五一年のロンドン万国博覧会の会場の名前であるが、その建物は万博終了後、ロンドン南部のシデナムに移築され、各種の催し物の会場として使用されていた。リッジウェイ・アンド・レイト Ridgway and Rates は窯業メーカーの名前である。先に紹介したマンチェスター博に関する記事の、柳模様にあまり好意的でなかった論者は、美術に造詣の深い人物のようだったが、この記事の筆者も陶磁器にかなり精通している人物のようである。こういう人々にとっては、柳模様などは芸術性のかけらもない醜い代物ということになるようである。こういう芸術に造詣の深い人物と一般の人々の間には、柳模様に対する見方にかなり温度差があったように思われる。

実際、陶磁器の専門書では、柳模様はかなりぞんざいに扱われており、専門家、あるいは通を自認するような人物は、どうも柳模様のような芸術性の高そうではないものにはあまり触れたくないようである。この点についてはのちほど改めて触れることにしよう。

柳模様の国

アロー戦争の終結に伴う北京条約が締結された一八六〇年に、再び中国からの記事が掲載されている。今度は通信員からとなっており、先ほどの記事の筆者とは同一人物ではないかもしれない。一二月三一日付けで「中国におけるイギリス軍」という記事が掲載されている。

……「門」という言葉では、その実際の複雑な構造を説明できない。四〇フィートの高さの壁に近づくと……「半円形の要塞」に出会う。それは……われわれにおなじみの柳模様の皿の、あの奇妙なパゴダのような屋根に覆われている。……

この記事は一〇月一七日に北京の近郊で書かれたものである。ここは北京近郊の要塞の入り口付近の説明のようだが、中国はやはり柳模様の国なのである。

翌年の一月一四日に、おそらく同一人物と思われる通信員からの「北京の平和」と題された記事が掲載された。

……北京は我々が考えているほど大きくも、人口が多いわけでもない。マンチェスターやグラスゴーより少し大きい程度であろう。……

夏の離宮は北京の北約七マイルの所にある。そこは何平方マイルもの広さで、人工的な湖と運河があり、柳模様の幻想的な橋が架かっている。小山にはパゴダとラマ教の寺院が建てられ、全体に美しく木々が配されている。確かに離宮は素晴らしいところであったに違いない。だが、今はむき出しの壁と燃えて煤けた材木が残っているだけである。

……略奪され、破壊された財宝は六〇〇万ポンドに上ると推定されている。……

この記事は一一月七日に書かれたものであるから、英仏連合軍による円明園破壊の直後の記事である。そこはやはり柳模様の世界である。

円明園と頤和園

イギリスの人々は、柳模様に中国を見たのであるが、中国を訪れた時には、やはりそのイメージを探し求めた。このように中国で柳模様の中国イメージを探そうとした人々が、これこそ探し求めていたものだと思った代表的な景観が、先に触れた豫園の近辺の風景、湖心亭と九曲橋を中心とする景色であった。そして、柳模様の中国イメージをはっきりと浮かび上がらせたもう一つの場所が、この記事に見られるように円明園である。

円明園というと、すぐにベルサイユ宮殿などのヨーロッパの宮殿を模したといわれる西洋式の建物と庭園を想起するが、そこが柳模様の中国イメージにぴったりだったとは考えられない。破壊された西洋式の建物が、現在廃墟として再現されている。とはいえ、一八六〇年に破壊された当時のままに再現したというのではなく、むしろいかにも廃墟らしく再現されているといった方がよいであろう。廃墟のテーマパークといった趣が強い。図版35、36に見られるように、ここはやはり柳模様の世界とは別である。いわゆる円明園は、全体としては純然たる中国式の水景庭園であり（図版37）、西洋式の部分はそのごく一部にすぎない。上記の記事の柳模様の景色とは、西洋式建物が建てられていた部分とはまた別の所であろう。

35　円明園。テーマパークとしての廃墟

36　円明園の迷路。ここは綺麗に修復されている

この円明園のすぐ隣に頤和園《いわえん》がある。ここでは、この記事の「夏の離宮」とは円明園であるとの前提で議論しているが、実はこの「夏の離宮」が頤和園（図版38）であるという可能性がないわけではない。なにしろ、これらの庭園は背中合わせにくっついているのである。円明園から頤和園へ

37　円明園の水景庭園

38　頤和園の昆明湖

は歩いて行ってもほんの二、三分程度である。「北京の北七マイルの所」というだけでは決め手にならない。「人工的な湖」とは頤和園の昆明湖であるかもしれない。本書では、この記事を総合的に判断して「夏の離宮」を円明園のこととしておく。頤和園については、これを柳模様と結びつける資料は今のところ見つけていないが、ここも柳模様の雰囲気を十分に持った庭園だったかもしれない。もっとも、現在の頤和園は、西太后がアロー戦争時に破壊された庭園を再建させたものであって、この当時の頤和園（正確には清漪園《せいいえん》）の雰囲気はよく分からないのだが。

国際博覧会と柳模様

次は、一八六二年にロンドンで開催された万博に関する「国際博覧会」と題された投書である（一八六一年一一月三日）。この投書をした人物は、この博覧会の展示はイギリスの優れたもののみを集めて行われるべきだと考え、次のように述べる。

私が思うに、理事達も国際博の英国部門は、われわれのいくつかの産業のなかの最上のもののみを含むべきだと願っている。この点では、わが世論は彼らとともにあると私は思う。われわれは来年多数の店がひしめきあう巨大なバザールを見たくはない。そこには良品もあれば、粗悪品もある。高価な宝石と安ぴかもの、公式用の四輪馬車と霊柩車、ミントンの陶磁器と柳模様のセット、キャラコと壁紙。これらは乱雑すぎて見る者に頭痛を起こさせる。こうしたものよりも、注意深く選別され、うまくアレンジされ、科学的に区分された、われわれの国民的生産物のコレクションを見たいものである。

良品と粗悪品を並べるのはよくないのだといいたいようなので、「ミントンの陶磁器と柳模様のセット」は、良品と粗悪品の例として並べられていると取れそうである。とすると柳模様は粗悪品ということになり、こんなものは博覧会に出品すべきではない、ということになるだろう。どうもこの投書の人物も、柳模様にはあまり好意的ではなさそうである。ただ、キャラコと壁紙の関係がどうもよく分からないので、どういうつもりでミントンと柳模様を並べたのか、今ひとつ分からない。さらにいえば、ミントンでも柳模様を生産していたことはいうまでもない。あまりすっきりはしないが、柳模様がお馴染みのものだったということだけははっきりと分かるだろう。

柳模様のカード

『タイムズ』への柳模様の登場は、広告が非常に多いと先に述べたが、一八六三年の一〇月七日から一二月二九日まで、ほぼ、一、二週間の間隔で、同じ内容の遊技用カードの広告が掲載されている。そのなかに柳模様のものもあったらしい。柳模様のカードについてはすでに述べたが（四二頁参照）、この広告のカードが私がヴィクトリア・アンド・アルバート博物館で入手したものと同一のものかどうかは分からない。

一八七四年六月三〇日には、『ベルグレーヴィア』*BELGRAVIA* という、ロンドンの高級住宅地の名前を付けた雑誌の広告に柳模様が登場する。この雑誌は、高級住宅地の名前を付けてはいるが、さほど高度な教養を身につけた人々を対象とする雑誌ではなかったようである。

この広告には、「私の夢」「トゥーリストのためのアイルランド」などの記事に続いて「柳模様の紙 Willow-Pattern Papers」という記事が見える。内容は確認できないが、柳模様と何らかの関係はあるのだろう。筆者はチャールズ・マルコム Charles Malcom という人物だが、不詳である。

次は、一八七五年一月八日付けの法律関係の記事である。柳模様の皿が描かれたカードをめぐる争いが著作権法の対象になるのか、という問題を巡るものである。この記事中に次の一節がある。「柳模様の皿自体はイングランドで少なくとも一〇〇年以上知られているものである」。ここから、柳模様がかなり古くからあるものとして認知されていたことが分かる。また、『タイムズ』にはこの種の法律がらみの記事が結構あるので、柳模様が各種の商品の意匠として広く使用されていたことを窺わせる。

骨董趣味への批判

次の記事も、一見柳模様にあまり好意的ではない。一八七六年二月七日の「古陶磁器についての門外漢の見解」という記事は、一七九一年創刊の日曜紙『オブザーバー』*Observer* の次のような記事を共感を持って紹介している。

暇な時間、金、エネルギーのすべてを、ブリストルのチョコレートカップ、オリジナルの柳模様の皿、日本のドラゴン、細長い足のテーブル、チェルシー焼きの羊飼いの女、ドレスデン磁器の少年、ノズルのない骨董のふいご、エナメル製の蝶つがいのないかぎたばこ入れなどを集めることに捧げている者は、有り体にいうならば全くもって哀れなやつである。

しかし、これは柳模様だけをねらい打ちにしたものではなく、かなり特殊な骨董趣味を皮肉っているということだろう。実は、この記事は必ずしも柳模様を攻撃しているわけではない。ここで攻撃されているのは、『疑問と注解』で話題になるような、「オリジナルな柳模様」であって、柳模様そのものではない。この記事は、柳模様愛好者の間で、柳模様にオリジナルはあるのか、あるとすればどのようなものなのか、などということが話題になっていたことが、世間にもよく知られていたことを示すものだともいえよう。

広告記事に見る柳模様

今度は一八七七年八月一一日付けの競売広告を見てみよう。これは遺言執行人による競売らしい。

素晴らしい家具、古いチェルシー、ドレスデン、日本、オリエンタル、柳模様など各種の陶磁器、二、三のブロンズ製品、約四五〇〇本の価値あるワインセラー。

右：39　ソース会社の広告用のコースターに描かれた柳模様
左：40　ビール会社の広告用のコースターに描かれた柳模様

この遺産を残した人物は、間違いなく庶民ではない。そもそも庶民が『タイムズ』に競売の広告など載せることはあり得ないだろうし、庶民はまずワインなど飲まないだろう。仮に飲んだとしても怪しげなシロップ入りのワインであろう。この人物は相当富裕な人物である。ここに柳模様が競売の品として登場することは、これまでも再々主張してきたように、柳模様は決して庶民だけのものではないことを裏付けるだろう。こうした広告もかなり多いのである。

柳模様は、商品の意匠に使われることが多かったと述べたが、一八七九年一月一四日にはソースの広告が出ている。

グッドール　ヨークシャー・レリッシュ　世界でもっともデリシャスで、安価なソース。混ぜものなしの純正品。……我が社の商品には柳模様の皿のマークが付いております。……そうでないものは偽物でございます。

一八七九年六月七日には、同じ会社による偽物に気をつけるようにとの広告が掲載されている。
図版39は、先に紹介した柳模様製品のカタログ『ガストンのブルー・ウィロー』で見つけたものだが、おそらくこのメーカーが広告用に作らせたコースターであろう。このマークのソースこそが、この会社の「混ぜものなし」の本物のソースだというわけである。図版40は、ビール会社がやはり広告用に作らせたのではないかと思われるコースターである。このように、柳模様は日常的な商品の意匠としても、人々になじみ深いものだったのである。

一八八三年七月一二日には、次のような競売広告が掲載されている。

> 第一級の家具。黒檀《こくたん》風、金箔張りの繻子《しゅす》織りの客間家具一式。……古いインドとドレスデンの磁器、……骨董の柳模様のワイン瓶、……

柳模様は、皿だけではなく、花瓶やティーカップなど様々な陶磁器に用いられていた（図版41参照）。それはともかく、これを競売にかけた人物も、もちろん庶民ではない。

41　19世紀後半にスタフォードシャーで作られたという牛の人形。背中に柳模様が描かれている

ミントン社社長の投書

一八八七年一月一七日に、ミントン社の社長トーマス・ミントンの投書が掲載されている。なかなか興味深いものである。この投書は、窯業がフランスなどの外国人の手に握られ、イギリス窯業の一大中心地、ストーク・アポン・トレントには外国の影響が圧倒的で、ナショナルな性格が全く欠如している、などと指摘する投書への反論として書かれたものである。

……初期のイングランドの陶磁器は、確かに今日の時点では考えられないほど外国の要素の影響を受けていた。これについては、チェルシー陶器を挙げれば十分である。それは、形も装飾も、ドレスデンの陶磁器、もしくはダービーの陶磁器を精密に模倣したものである。それらは中国製陶磁器の間違いの多い模倣であった。

柳模様は、他の文様よりもおそらくよく売れ、多くの業者によって採用されたもので、帰化したイングランドの文様 a naturalized English pattern といってもよいものである。この文様は、(ジョサイア・ウェッジウッドの同時代人である) 私の曾祖父であるトーマス・ミントンによって中国製の絵付けの皿からコピーされ、磁器に転写されたものである。……

ストーク・アポン・トレントとは、スタフォードシャーのイギリス窯業の中心地ストーク・オン・トレントを構成する町の一つストークのことである。ウェッジウッド、ミントン、スポードなどのイギリスを代表するメーカーの工場がある。ストーク・オン・トレント駅の真正面に立派なホテルがあるが、その部屋には、どの部屋もかどうかは分からないが、少なくとも私の滞在した部屋には、ミントン社の創業者、この記事の筆者の曾祖父である初代トーマス・ミントンの肖像画が飾られており（図版42）、さすがに窯業の町だと納得する。それはともかく、柳模様である。柳模様はとにかく人気があった。だから、ミントンはもちろん、ウェッジウッドでさえ生産していた。注目されるのは、この一文では、柳模様は中国起源とされていることである。少なくともこの一文からは、初代トーマス・ミントンが中国の磁器の皿からイギリスで柳模様と呼ばれることになる文様をコピーしたのだと受け取れよう。そうすると、『疑問と注解』などで話題になった柳模様のオリジナルが存在したということにもなる。こういう認識を窯業メーカーのトップが持っていたのだから、当時は柳模様を中国起源と考える説もかなり有力だったのかもしれない。同時代の人々にも、このあたりはよく分からなかったのである。こういうよく分からないところも柳

42　ストーク・オン・トレント駅前のホテルの部屋に飾ってあった初代トーマス・ミントンの肖像

模様の魅力だったのであろう。ミントン氏によれば、中国起源の柳模様が帰化してイングランドの文様になったのだ、というわけである。おそらく彼にとっては、柳模様が中国起源だということは、もはや問題とするまでもなかったということかもしれない。

ジョン・チャイナマンと柳模様

今度はオーストラリアの通信員からの、中国人排斥の動きを伝える記事である（一八八七年八月二三日）。日本人や中国人などの黄色人種が、白人が営々と築いてきた文明を台無しにするかもしれないと喧伝する黄禍論の時代が迫っていたのである。ここでは、例によって柳模様に関連するところにだけ注目しよう。

……一度入国するや、ジョン・チャイナマンができないような仕事はない。園丁、下男、家具職人、仕立て屋、金堀り、料理人、靴屋、馬車の御者、漁師、あるいは肩に天秤棒を担いだ行商人……柳模様の皿にある絵のような。……中国人の最大の罪は、われわれよりもより多く働き、より少ない賃金しか受け取らないことである。……

ジョン・チャイナマンとは、この頃よく使われた中国人を指す侮蔑的な呼称である。天秤棒を担いだ行商人の姿は、もちろん柳模様にはないが、その橋の上の三人の人物の姿によく似ているという

43 「アラジン」の一幕。これは普通のアラジンの物語のようである
(『ロンドン画報』1902年1月4日)

ことだろう。中国のことを説明すると、どうしても柳模様を出したくなるようだ。

舞台の上の柳模様

柳模様に関連する演劇については、すでに一八五二年の広告に登場していたが、一八九〇年前後から再び柳模様に関わる演劇が上演されている。『疑問と注解』が問題にしていた芝居もこの頃のものであるから、おそらく柳模様に関する演劇の上演はこの頃が最盛期だったのであろう。一八八九年一二月二五日に、クリスタル・パレス劇場での「アラジンと魔法のランプ、あるいは柳模様と空飛ぶクリスタル・パレス」のレヴューが掲載されている。それによると、これは広東《カントン》を舞台とする劇だそうである。「アラジンと魔法のランプ」(図版43参照)は、よく知られているように、中国を舞台とする物語であるから、広東が舞台であっても不思議ではない。それにしても、「柳模様と空飛ぶクリスタル・パレス」とは、もうほとんど想像を絶する。鉄とガラスでできたパビリオン＝クリスタル・パレスが空を飛ぶのだから。ここでの柳模様は、あるいは一八五〇年代にモンブラン・ショーで一世を風靡した稀代の見世物師、アルバート・スミス Albert Smith（一八一六〜六〇年）の「モンブランから中国へ」というショーにおける柳模様のようなものだったかもしれない。オールティックの『ロンドンの見世物 III』（小池滋他訳、国書刊行会、一九九〇年）によれば、この一八五七年に演じられたショーでは、観客はスミスが描いた柳模様の皿を一シリングで買うことができ、舞台では巨大な柳模様の皿の上を機械仕掛けの人形が行進したのだという（三〇五頁）。

翌年一月六日にも、同じ「アラジン」の広告が掲載されている。

一八九一年三月六日には、これまでも何回か掲載されていた商標を巡る訴訟騒ぎが見える。このたびは、ラベルの真ん中にブルーの柳模様の皿が印刷されたソースの商標が対象である。この件については、一八九三年四月二八日と同年一一月二一日にも掲載されている。これはおそらく、すでに見た偽物に気をつけるようにとの広告（一八七九年一月一四日、六月七日）を出していたソース会社に関連するものであろう。

一八九一年九月二日の競売広告にも柳模様が登場するが、世紀末から二〇世紀初頭にかけては、やはり柳模様の演劇に関する記事が目立つ。まず、一八九七年一二月二八日に「モホーク・ミンストレル」と題したレヴューが掲載されている。モホークとはアメリカ先住民の一部族の名称かと思われ、かつ白人が黒人に扮して行う演劇であるミンストレルショーはアメリカで盛んであったので、このミンストレルとは、アメリカのミンストレルショーであった可能性もある。しかし、記事中にこのショーは二五年もの間イギリスで人気を得てきたとあるので、イギリスのショーであるかもしれない。

この人気の高いミンストレル一座は、精力的なホリデー・プログラムを提供する。その変わらぬ人気の高さは、昨日農業ホールに群衆が押し掛けたことで分かる。……一四の美しいバラードとコミックソング、そして「わが家は楽し」と題する新しいドタバタホームドラマが前半で、後半は「柳模様の皿」である。……「柳模様の皿」の上演は素晴らしく、物語は一座によってうまく演じられていた。同名のレズリー・ステュアートの歌が導入された……

レズリー・ステュアート Leslie Stuart（一八六四〜一九二八年）は、この時代においてポピュラー・ソングの作家として知られていた人物である。この人物が「柳模様の皿」という歌を作ったということらしい。この歌については、その歌詞等全く分からないが、巷で少しは歌われていたのであろうか。

この一座のショーについてのレヴューが、一九〇〇年の一二月二四日にも掲載されている。この時もやはり「柳模様の皿」が演目に入っており、ショーの最後を飾っている。このレヴューもあわせて考えれば、この一座はどうもイギリスの一座のようであり、しかもかなり人気の高い一座であったようだ。それはともかくとして、「柳模様の皿」も相当な人気を勝ち得ていたといってよいであろう。そして、これを『タイムズ』が取り上げているわけであるから、しがない庶民だけが見物していたというわけでもないであろう。

セント・ジェームズ公園の橋

一九〇一年四月六日に、一八二〇年代にセント・ポール校で学生生活を送ったという読者の投書が掲載されている。「前世紀の回想」と題されたこの投書の一節を掲げておこう。

……私はスプリング・ガーデンを通り、セント・ジェームズ公園に入る。カールトン・ハウスの裏手である。そこにはすばらしい柳模様の中国風の橋が長い長方形の池にかかっている。その池の端には、当時はまだパレスではなかったバッキンガム・ハウスが見えた。……

セント・ジェームズ公園は現在のバッキンガム・パレスのすぐそばにある。一八二八年に、かのシノワズリーで有名なロイヤル・パビリオンを手がけたジョン・ナッシュ John Nash（一七五二～一八三五年）が、セント・ジェームズ公園と湖を造り替えているので、あるいはその際にこの投書の主が見たという中国風の橋が架けられたのかもしれないが、確認できない。現在の橋はごくありきたりのものである。セント・ポール校とは有名なパブリック・スクールである。パブリック・スクールは、伝統的なエリート校であり、庶民の行けるような学校ではなかった。エリートの子弟にとっても、柳模様は馴染みのある、近しい存在であったのである。

サボイ劇場の「柳模様」

この投書を挟んで、しばらくは柳模様関連の演劇の話題が続く。

一九〇一年一一月八日に、サボイ劇場が、「柳模様」の最終リハーサルのために月・火・水曜日に閉館となる、との記事が見える。さらに、一一月二六日には、同劇場でバジル・フッドとセシル・クックによる「柳模様」が、八時一五分より上演されるとの広告が掲載されている。一二月二五日のサボイ劇場の広告にも、「柳模様」が演目として挙がっている。このサボイ劇場の広告は、一九〇二年一月二日から三月二六日まで、連日ではないがかなり頻繁に掲載されている。セシル・クック Cecil Cook についてはよく分からないが、バジル・フッド Basil Hood（一八六四～一九一七年）は、サボイ劇場のかの有名な「ミカド」の作者、ギルバート Sir William Schwenck Gilbert の後継者と目された人物で、確かに「柳模様」と題する一幕ものの作品を一九〇一年に上演している。すでに見たように、この劇は『疑問と注解』でも取り上げられており（八八頁参照）、少なくとも一般の人々にはかなり評判になったのではあるまいか。というのも、一九〇一年一二月二一日号の『スポーツ・演劇ニュース画報』*The Illustrated Sporting and Dramatic News* の劇評では「やや退屈」と評されており、通には受けなかった可能性もあるからである。

柳模様とトゥーランドット

次は一九〇五年一一月二八日の、音楽への中国的なものの影響について論じるコンサートのレヴューである。俎上に載せられたのは、「もっともモダンなイングランド音楽のチャンピオンとされているピアニストによるピアノリサイタル」である。このピアニストはベートーベン、バッハ、シューマン、ショパンなどの他に、二曲の新作を披露した。そのうちの一曲は、「ウェーバーのトゥーランドット Turandot にその最高のお手本がある中国式（想像的なものだと思われるのだが）の音楽様式を明らかに模倣しようとしたもの」であった。

若いイングランド派の間では、こうした中国的特徴が今まさに大流行中であるようだ。ちょうどかつてのイングランドの柳模様の陶磁器生産がそうであったように。柳模様の皿の奇妙なパースペクティヴは、この曲に音楽的な壮快さと調和のとれた端正さのすべてが意図的に放棄されていることと完璧にパラレルである。

幸いにも、すべての若手作曲家がこうした道を歩んでいるわけではないが。……

トゥーランドットといえばプッチーニ、というのが一般の理解であろうが、プッチーニのトゥーランドットの初演は一九二六年であるから、このトゥーランドットはプッチーニのものではない。ここではドイツの作曲家ウェーバー（一七八六〜一八二六年）のものが問題になっている。イタリアの劇作家カルロ・ゴッツィ（一七二〇〜一八〇六年）が、古代ペルシャの謎解き物語を演劇に仕立て上げ、それ以来様々な「トゥーランドット」が上演されてきた。ウェーバーもこの作品を取り上げていたようである。それはともかく、このレヴューの筆者は、柳模様のみならず、中国的なものがあまり好みではないらしい。しかしここから、柳模様が絶大な影響力を持っていたこと、ならびにこの筆者にも中国といえば柳模様という発想があることが分かるだろう。

「世界一周」の旅

一九〇六年一〇月二二日には、コバルトの広告に、「コバルトはブルーカラーの元であり、きわめて価値のある鉱物。それは、柳模様の皿のブルーで、みなさんにお馴染みである。……」とある。これは柳模様のお馴染み度を示す広告といえるかもしれない。

その後、やはりこの時期は、劇場関係のものが多い。

一九〇九年四月二一日に、テリー劇場の広告に「柳模様の皿」が見える。六月一五日に柳模様の陶磁器の広告が出ているが、その後一〇月一一日にエンパイア劇場のレヴューが掲載されている。出し物はジュール・ヴェルヌの『八〇日間世界一周』に想を得たと思われる「世界一周」である。

ジュール・ヴェルヌ以来、月日は流れ、モーター・カーとシベリア鉄道が出現し、今では一ヶ月で世界一周が可能である。この旅では六つの拠点がある。モナコ、モスクワ、ハルビン、東京、サンフランシスコ、ロンドン。シベリア鉄道の駅やサンフランシスコのアヘン窟はあまり効果的ではないが、他の景観は美しくすばらしい。特にモスクワの宮殿と東京の Garden of Ten Thousand Joys はきわめて美しい。農民、コサック、ジプシー、ムジーク（帝政ロシア農民）、ムスメ、ゲイシャ、人力車の少年の魅力的な衣装、そしてモスクワの家々、モスク、キューポラ、さらには柳模様の橋と東京の咲き誇る桜は、感嘆すべき絵になっている。……

これはロングラン間違いなしである。

Garden of Ten Thousand Joys はよく分からないが、小石川後楽園、もしくは水戸の偕楽園のことかもしれない。この時代のヨーロッパ人にとっては、茨城と東京の違いなどほとんど問題にならないであろう。それはともかく、なかなか興味深い世界一周である。六つの拠点のうち、モナコとハルビンは少し分かりにくいかもしれないが、モナコは一八六一年にカジノが建設されて以来、観光地として栄えていたし、ハルビンはロシア帝国が東清鉄道の建設基地として以来、交通の要衝として栄えていた。この世界一周の拠点に中国と日本も選ばれ、ここではムスメ、ゲイシャ、そして桜が日本を、そして柳模様が中国を代表しているのである。日本といえばゲイシャ、中国といえば、やはり柳模様なのである。

「東洋のイタリア」の発見

一九一三年四月二日に「シノワズリー」と題する論説が掲載されている。この筆者によれば、現在中国への関心が高まり、中国芸術についてもその重要性が新たに認識され、イギリスの中国への態度も変わりつつあるという。そして次のように、これまでの中国芸術への態度を通観する。少々長いのだが、大変おもしろい議論が展開されているので紹介しよう。

一八世紀を通じて、何らかの形の中国芸術がヨーロッパでかなり流行した。少なくともワトー（一六八四〜一七二一年、フランスのロココの画家）やティエポロ（一六九六〜一七七〇、イタリアのロココの装飾画家）はそれを楽しんだ。チッペンデール（一七一八〜七九年、イギリスの家具師）はそれをもてあそんだ。そのヨーロッパの陶磁器への影響は普遍的なものであり、大部分の芸術とデザインに影響を与えた。にもかかわらず、中国芸術は真剣に扱われることはなかった。それは文様を紡ぐすばらしい技巧を持った、馬鹿げているが楽しい野蛮人の芸術と考えられた。彼らの生活様式はあまりにも奇妙なので、まじめで文明化されたヨーロッパ人の好奇心をかき立てずにはおかなかったのである。「シノワズリー」という言葉は、こうした中国人観を表明するために発明されたものであった。その中国人観は、中国人の因習を誰にでも分かるようにした柳模様のなかでうまく表現されている。柳模様は何世代もの子どもたちを喜ばせ、彼らに中国はある種の玩具の国であると確信させてきた。そこでは、あらゆるものが楽しく、リアルなものは何もない。

そこでは木々、建物、人々が、すべて同じ様に奇妙であり、すべて同じかわいいゲームの一部になっている。

こうした中国観は、彼らのマイナーな芸術と明王朝……の下での退廃期の芸術についてのみの知識に基づいていた。……しかし、近年ヨーロッパは中国人の主要な芸術を知るようになり、唐宋時代の中国が東洋のイタリアであったことを発見した。中国はいかなるヨーロッパの芸術とも同じように真剣で、高度な感情を表現し得る絵画芸術を持っているし、この真剣さはそのマイナー芸術にも見られるものである。宋代の絵画の傑作や、漢代や宋代の陶器にシノワズリーのタームを適用することは、ミケランジェロの作品をピエトロ・ロンギ（一七〇二〜八五、イタリアのロココの画家、貴族生活を描いた風俗画で有名）と一緒にするほど馬鹿げたことであろう。……

……実際、宋代の絵画はきわめて高度な芸術であり、その最上の意味で古典的であり、常に洗練された知性によってコントロールされていた。この発見、とりわけその精神性の高さの発見は、単なる審美的な発見以上のものであった。それは、われわれのただ面白がるだけの中国についての好奇心を、敬意を持った関心へと変えた。中国人は長い衰退を経験したかもしれないが、それでも彼らはマルコ・ポーロが称賛した人々の子孫であり、彼らの過去からわれわれは彼らの未来の可能性を学べるかもしれないのである。実際、われわれは今や彼らの退廃期の作品を異なる光で見て、彼らの意匠の魅力は単なる子供だましのトリックではなく、伝統そのものがその意味をなくしてしまった後に、驚くべき連続性と本能的趣味をもってなお残存する偉大な伝統の残滓であることを理解している。ヨーロッパのデカダンスの作品には、こうした鋭い美的感覚も 連続性もない。アール・ヌーボーの怪奇さは、いかなるシノワズリーよりも何百倍も馬鹿げている。

（カッコ内の注釈は引用者による）

きわめて興味深い議論である。この筆者がいいたいのは、まず、唐宋時代の中国こそが芸術的に最高の時代だった、すなわち唐宋時代の中国は「東洋のイタリア」と呼ばれるにふさわしい国だったのであり、その事実を発見したことが、ヨーロッパの人々に中国の芸術を真剣に敬意を持って見ることを可能にしたのだ、ということであろう。次に、これまで中国芸術は真剣に扱われることはなく、ただヨーロッパ人の好奇心をくすぐる玩具として遇されてきたのだが、中国の真の偉大な芸術を発見した今は、その退廃期の作品でさえ偉大なる伝統の残滓だと理解できるのだ、ということだと思われる。もう一ついえば、この中国の退廃期の作品は、アール・ヌーボーなどよりも遥かにましなのである。この記事が書かれたのは、アール・ヌーボーを批判するアール・デコへと向かう時期である。

しかし、われわれにとって興味深いのは、もちろん柳模様に関する議論である。この筆者によれば、シノワズリーとは、ヨーロッパ人の好奇心をかき立てずにはおかない、あまりにも奇妙な生活様式とすばらしい技巧を持つ、馬鹿げているが楽しい芸術を持つ人々、という中国人観を指す言葉である。そして、柳模様は、中国人の因習を分かりやすく示したもので、この中国人観をうまく表現したものだというのである。シノワズリーとは、すでに述べたように、ヨーロッパ人の中国幻想であるから、こうした定義は妥当なものであろう。ここで注目しておきたいのは、柳模様とは、その中国幻想を分かりやすく示したものだということである。やはり、柳模様とは、イギリスそして、大きく言えばヨーロッパの想像力が生み出した中国なのである。

「中国的」なるもの

この一九一三年には、もう一つ注目すべき論説があるが、その前に、一九一三年四月二三日の「両陛下のミッドランド旅行」というニュースを見ておこう。この旅行は陶磁器をめぐる旅で、イギリス国王ジョージ五世と王妃は、イギリスの窯業の中心地ストーク・オン・トレントを訪れ、この地区の各博物館から集められた新旧の陶磁器のコレクションを見物した。そして、国王は豪華なシリコン・チャイナに目を留め、王妃は「懐かしい柳模様にもう一度」出会えてうれしいと述べた、と報じられている。ここでも、柳模様は王室にとってさえ馴染みのあるもので、決して庶民だけのものではなかったことを示しているだろう。また、「懐かしい柳模様」という言い回しにも注目したいが、これは後で論じることにしよう。

では、次の論説に移ろう。一〇月一七日付けの「中国芸術―ホワイトチャペルでの博覧会」と題されたレヴューである。ホワイトチャペルはロンドンのイースト・エンドにあり、おそらくはかの有名な「切り裂きジャック」の舞台としてもっともよく知られている所かもしれない。ここには一九〇一年にホワイトチャペル・ギャラリーが建設されている。この記事の中国芸術展は、おそらくこのホワイトチャペル・ギャラリーで開催されたのであろう。

この博覧会での展示の大部分は、明王朝以降に生産されたものである。もう少し古く、簡素なものも展示されているが、博覧会の展示は、シノワズリー、つまり明確に中国的と思われる楽しげで、幻想的で、きらびやかな作品によるものである。……

しかしわれわれにとっては、中国芸術の黄金時代は宋代である。……その作品は実際、われわれの知るもっとも美しい陶器である。明王朝とともに初めて中国芸術は明確に中国的となり、明るく、幻想的で地方的となったのである。……清の康熙帝の時代にはすべてが完全に中国的となった。……実際、われわれがこの博覧会から引き出す教訓は、中国人の芸術は外部世界から断絶されるやいなや、直ちにその新鮮さを喪失したということである。もう一つの教訓は、偉大な中国芸術は、質の落ちる後世の芸術よりも遥かに非中国的だということである。この博覧会に出展されている刺繍、陶磁器、大部分の絵画は、柳模様の世界に属するものである。だが、宋代の陶器はそうではない。……

このレヴューの趣旨は、四月二日の「シノワズリー」と題する論説とかなりよく似ており、あるいは同じ人物によるものかもしれないが、それは確認できない。ともかく、ここでも宋代の芸術が高く評価され、その後は質が低下したとされている。そして、それは「柳模様の世界」だというのである。この筆者にとっては、どうも柳模様は好ましいものではないようだが、柳模様はここでも、明確に中国的な楽しげで、幻想的で、そしてきらびやかなシノワズリーの世界を端的に表すものとされているのである。

「お伽の国」を求めて

次の記事は、この中国幻想がかなり重傷であったことを窺わせるものである。「コンパスを頼りに」と題された一九一九年一月一四日付けの記事は、コンパスを頼りとした北あるいは南、東あるいは西への旅を、それぞれ論じている。

東に関しては、その心酔者はより少ないが、もっと狂信的である。東に行けば行くほど、その心酔の度は深まる。……中国は、かつては柳模様の皿のお伽の国であったが、そこに住んだことのある人々には、今や現実のお伽の国である。中国に行く宣教師でさえ、中国のような国は他にないという。彼は人々を改宗させるかもしれないが、改宗されてもいるのである。ヨーロッパは、中国がなお未知であった時でさえ、中国の魔法にかかっていたのである。しだれ柳の下で音楽を奏でる人々、磁器に描かれているような山の急流に臨む華麗な寺院、シャクヤク、菊、閃光を発する鳥、これらは単なる装飾上の幻想ではなく、これらが実際に存在する国があるのだ。それを見たことのある人々は、その後もそれを夢想し続けるのだが、それも無理はない。……中国とは、柳模様の中国であり、しかもその世界は、中国に行けば現実に存在するのだ。少なくともそう思える人々がいるのだ、というわけである。すでに述べたが、中国で柳模様の世界を思わず探してしまうという反応は、決して珍しいものではなかった。

この項の最後に、「カタイの平和」と題された一九二二年一〇月二三日の論説を取り上げよう。この論説は、中国文明は西洋文明よりもいくつかの点で優れているのだという、哲学者であり、かつ平和運動でも有名なバートランド・ラッセル Bertland Russel（一八七二～一九七〇年）の主張についてのコメントなのだが、そのなかでこの論説の筆者は、三つの中国観があるという。一つは、「ラッセル氏が持っているような見解」であり、「静態的な不変の世界は、われわれが経験では学べない人生の秘密を本能によって知っている」というものである。第二は、「中国人は邪悪で、グロテスクであるという見解」。そして最後が「柳模様のシノワズリー」である。「この見解は、中国は魅力的だが、馬鹿げてもいる、人形がすむお伽話の国だというものである」。

柳模様は、やはり代表的な中国観の一つなのである。

四章

柳模様の中国観

1 柳模様へのまなざし

前章において近代イギリス社会のなかの柳模様を見てきたが、つまるところイギリスの人々は柳模様に何を見、それをどう受け止めてきたのだろうか。

懐かしい柳模様

ここで『ファミリー・フレンド』の記事を思い出そう。

柳模様の皿の神秘的な人物について、熱心に考えてみたことのない人がいるだろうか。子供じみた好奇心で、橋の上の三人の人物が何をしているのか、彼らはどこから来て、どこへ行くのかを、不思議に思ったことのない人がいるだろうか。……

懐かしい柳模様の皿。芸術的美しさを欠いているにもかかわらず、それはわれわれにはいとおしいものである。それはわれわれの子供の頃の記憶と結びついている。それは古い友人や仲間の絵のようである。その肖像を、われわれはあらゆるところで見るのだが、決して飽きることはない。その魅力は変わることはない。……

この記事は一八四九年のものであったが、先に確認しておいたように、この時点ですでに柳模様がイギリスの人々にとって相当に馴染みのあるものであり、深い愛着を感じざるを得ないものであったことを示している。

次に、その一部をすでに紹介した、一九〇五年に古陶器の愛好家向けに書かれたウィロビー・ホジソンの『古陶器鑑定法』の一節を紹介しよう。

古陶器への愛好は、意図的に身につけられるものではないようだ。チャールズ・ラムがいっている通りである。私もその趣味を、「柳模様」のかわいい詩を楽しみにしていたごく小さい頃に身につけていたように思われる。

…………

次のような魅力的なかわいい詩を聞いたことがないという者がいるだろうか。

二羽の鳩が天空を飛び

中国の小船が浮かび

しだれ柳があたりを覆い
橋の上には、四人ではなく三人の男たちがいる
中国の寺院がすべての大地を支配するかのようにある
リンゴの実をつけたリンゴの木
かわいいフェンス
ここで私の話はおしまい

（この柳模様の詩と物語は、子供の頃私の祖母に教えられたものである。彼女は一八〇〇年にスタフォードシャーに生まれ、陶磁器に関する権威であった）

この詩にはいくつかのヴァリエーションがあるが、これは私の祖母によって教えられたものである。子供の頃、兄弟や姉妹にこの話を繰り返し、祖母がくれた皿の上に描かれた物語を指し示した時の満足感を忘れることはないだろう。……

さらに、二〇世紀初頭にウェッジウッドのロンドン店のマネジャーを務めたハリー・バーナード（一八六二〜一九三三年）による柳模様の説明を見てみよう（ウェッジウッド美術館のホームページ）。

子どもの頃誰もが、橋の上の三人の人物は誰なのか、彼らはどこに行くのか、ボートの男は何をしているのか、島には誰が住んでいるのか、どうして二羽の鳥が飛んでいるのか、などと考え

たものである。

　私が母の膝で聞かされ、母は同じように彼女の母の膝で聞かされた物語……


これらの回想には、『ファミリー・フレンド』の記事に見られるのと同じような柳模様への愛着を感じられるであろう。

　イギリスの人々は実に長い間柳模様を愛し、懐かしんできたのである。前章で見た、一九一二年四月二三日付け『タイムズ』の「両陛下のミッドランド旅行」というニュースでの、陶磁器をめぐる旅において王妃が発した「懐かしい柳模様にもう一度」出会えてうれしいという言葉も、同じような性質のものであろう。これらほど明瞭ではないとしても、『タイムズ』に見られる柳模様に対する態度も、どちらかといえば柳模様に懐かしさや親しみを感じるものであったといえよう。

専門家の反応

とはいえ、いうまでもないがイギリスの人々がこぞって柳模様に魅惑されたわけではない。『タイムズ』の項でも述べたように、いわば反柳模様感情というべきものも、特に専門家や通らしき人々の間で認められた。

　たとえば、「本書はグレイト・ブリテンの陶磁器をもっぱら扱った唯一の作品であったし、現在でもそうである」と序文において豪語するだけあって、確かに以後の文献に影響を与えているように思われる、この時代のおそらく代表的なイギリス陶磁器史であるルェリン・ジェヴィットの『グレイト・ブリテンのセラミックの歴史』(一八八三年)は、柳模様について次のように紹介している。

一七八〇年、イングランドで最初に作られた有名な「柳模様」を、ターナー氏がコーリーに導入した。同時にブローズレーの「ブルー・ドラゴン」も導入した。柳模様は今日でもブローズレー文様として知られている。……

中国の文様からコピーされたブルーの手書き、ないしはプリントされた陶磁器……中国の文様のなかでは、二つのもっとも有名なもの、つまりよく知られた「柳模様」と「ブルー・ドラゴン」は、すでに触れたように、コーリーの作品から最初に導入された。……この事実だけでも、これらの文様に特別注目する価値がある。柳模様のなかでは、これは明らかにもっとも人気のある文様であり、どの文様よりもよく売れているものだが、コーリーのマークの入った初期の作品は稀であり、高価である。……(p.158)

この文献は、すでに紹介した一九一〇年に大英博物館が刊行した陶磁器ガイドブック『イングランドの陶器と磁器』の参考文献の一つかもしれない。記述がよく似ている(三一頁参照)。その際に述べたように、ブローズレーはシュロップシャーの小さな町である。ブルー・ドラゴンは図版13を参照していただきたい。ただし、柳模様が「ブローズレー文様」として知られているという記述は、他の文献では目にしたことがない。

さて、この部分を読む限りでは、特に柳模様を軽んじているという印象はないかもしれないが、なにしろこの本は六〇〇頁を超える大著である。そのなかで、柳模様について触れているのは引用した部分のみなのである。図版も一葉のみしか掲載されていない。柳模様の人気度からすると、いささか拍子抜けするのである。

次は、大部なものではないのだが、やはり後世の文献で参照されているA・H・チャーチの『イングランドの磁器―一八世紀にイングランドで製造された陶磁器のためのハンドブック』（一八八五年）を見てみよう。著者は化学の教授だそうである。


有名なミントン磁器は一八世紀末に創設された。トーマス・ミントンはコーリーでトーマス・ターナーの徒弟をしていた。それからスポードのためにロンドンで働いた。二三歳の頃、彼はスタフォードシャーで彫版師の親方になった。彼は有名な柳模様を彫版した。（p.78）

この本で柳模様について触れているのはこれだけである。決して悪意があるわけではないが、さりとて特に柳模様に思い入れがあるわけでもなく、いささか通り一遍という印象を受ける。

柳模様の案出者については定説がないと述べたが、ここでもやはり案出者が異なっている。それはおくとして、これらの文献における柳模様の扱いを、先ほど紹介したウィロビー・ホジソンの

『古陶器鑑定法』での柳模様についての叙述と比べれば、柳模様への態度の違いは明らかだろう。

ジェヴィットとチャーチの文献は、現代のイギリス陶磁器史の権威の一人といえるG・A・ゴッデンの著作『一七八〇年から一八五〇年までのイギリスの陶磁器』（一九六一年）や『図録 イギリスの陶磁器百科』（一九六六年）などにも参考文献として取り上げられているが、ホジソンの文献は見あたらない。ホジソンの著作は愛好家のものという判断なのであろう。実際、『古陶器鑑定法』の著者のウィロビー Willowghby という名前は、いささか不自然ではなかろうか。思うにこのウィロビーとは、メレディスの小説『エゴイスト』の主人公の名を借りたのではなかろうか（五一頁参照）。とすれば、そこまで柳模様に惚れ込んでいるわけで、確かにこの著者は研究者というよりは陶磁器の愛好家というべきだろう。

このように、専門家と愛好家とは柳模様に対してかなり異なる反応を示したといえるかもしれない。もっとも、イギリスの人々の大半は専門家ではなかったのだが。

では、イギリスの人々はこの柳模様に何を見ていたのか。

2　柳模様の中国イメージ

幻想の中国

柳模様がある種の中国観を表すものであったことは、すでに前章で示唆しておいた。

子供の頃、私は中国がどんな国なのかについて明確な観念を持っていた。私たちが毎日食事をとるのに使っていた柳模様の皿が、中国の景観について生き生きとした一瞥を与えてくれた。まもなく私は、二人の恋人たちの物語を知るようになった。……中国人の衣装も私にはお馴染みのものだった。……これらすべてのものが、子供心にきわめて明瞭な中国観を育んだ。そこは逆さまの国で、美しい花々、気味の悪い怪物、壊れやすい建物があり、大抵のヨーロッパの価値観が反転する。ずっと後に、それらがすべてヨーロッパで作られたものであったことを知った時にも、最初の印象が私の心から消えることはなかった。

これは、一九六一年に出版されて以来、今日に至るまでなおシノワズリー研究の必読文献であり続けている『シノワズリー—カタイの幻影』の著者、ヒュー・オナーの子供の頃の思い出である（p. 2）。ここには、イギリスの人々が柳模様をどのように見ていたかが、きわめて明瞭に語られている。イギリスの人々は、子供の頃から柳模様に親しみ、そこにはっきりとした中国イメージを読み取っていたのである。しかもこの中国は、それが「ヨーロッパで作られたもの」だと分かるまでは、現実の中国でもあった。それはヨーロッパとは正反対の国、というものだったが。

子供の頃から柳模様に慣れ親しんだイギリスの人々にとって、柳模様は中国そのものだった。そして、この柳模様の中国は、必ずしも幻想ではなかった。子供にとってはもちろん、大人にとっても、である。

一九一八年八月一四日付けの新聞『デイリー・ニューズ』*Daily News* に掲載された、東洋学の泰斗で、『源氏物語』の翻訳でも知られるアーサー・ウェイリーの訳業『漢詩一七〇篇』の書評に、次の一節が見える。

> 中国を訪れたことのない者は、中国人の生活は柳模様の皿に描かれているようなものだと思わざるを得ない。……

さらに、すでに見た『タイムズ』の一九一九年一月一四日の記事である。

中国は、かつては柳模様の皿のお伽の国であったが、そこに住んだことのある人々には、今や現実のお伽の国である。中国に行く宣教師でさえ、中国のような国は他にないという。彼は人々を改宗させるかもしれないが、改宗されてもいるのである。ヨーロッパは、中国がなお未知であった時でさえ、中国の魔法にかかっていたのである。しだれ柳の下で音楽を奏でる人々、磁器に描かれているような山の急流に臨む華麗な寺院、シャクヤク、菊、閃光を発する鳥、これらは単なる装飾上の幻想ではなく、これらが実際に存在する国があるのだ。それを見たことのある人々は、その後もそれを夢想し続けるのだが、それも無理はない。……

中国とは、柳模様の中国であり、それは現実に存在するのだ、というわけである。ここまで極端ではないにせよ、『タイムズ』の記事にはこれに似たような反応は珍しくなかった。いや『タイムズ』に限らず、中国で柳模様の世界を思わず探してしまうという反応は、決して珍しいものではなかったのである。

英国人女性が見た中国

本書の冒頭でも紹介したレディ・トラベラーの一人、イザベラ・バードの『中国奥地紀行』(一八九九年)の一節を再掲しよう。

実際、私は中国的な風景とか中国的な建造物とはどのようなものなのかについての先入観を毎日のように捨てていった。読者の方々も、もし柳模様の描かれた大皿からイメージするような先入観をおもちだとしたら、そんなものは本書を読み終えるまでに捨てていただければと思う。

やはりイギリスの人々にとっては、中国といえば柳模様であり、中国に来れば柳模様を探してしまうのである。イザベラ・バードは中国に赴き、柳模様の中国は幻想にすぎないといえるようになったのだが、中国に行ってもなおこうした幻想を捨てきれない者もいたのである。

中国で反纏足運動を展開し、少なくともこの時代には相当な有名人だったアーチバルド・リトル夫人（一八四五〜一九二六年）は、ほぼ同じ時期に出版した二冊の中国紀行、『私の見た中国』（一八九九年）と『ブルーガウンの大地で』（一九〇一年）のなかで、柳模様についてそれぞれ次のように述べている。

中国は概していえば、柳模様の皿にはまるで似ていない。私が本当に中国がブルー・アンド・ホワイトであることを期待していたのかどうか分からないが、中国がまるで茶色と泥の国であるのには失望した。(p.7)

上海を訪れてすばらしいのは、かの有名な柳模様の皿に描かれた絵に何となく似てなくもないテ

ィー・ガーデンである。ここには風変わりで、曲がりくねった橋の架かった水路、パビリオン、築山がある。(p.33)

リトル夫人は、ここに見られる通り、中国にいながら柳模様の中国観を捨てきれないでいる。ここに言及されているティー・ガーデンとは、すでに述べた上海の有名な庭園、豫園のすぐそばにある茶館、湖心亭の周辺の景観である。湖心亭を柳模様の真ん中に描かれているマンダリンの邸宅に見立て、湖心亭に通じる九曲橋をマンダリンの邸宅を取り巻くジグザグのフェンスと見なせば、このあたりは確かに柳模様の雰囲気に酷似しており、リトル夫人が心惹かれるのもやむを得ないかもしれない。

柳模様の景観——再び、豫園の湖心亭

実際、湖心亭あたりの景観が柳模様の中国なのだという観念は、かなりのちの時代まで影響力を持っていたようである。たとえば、コーンウォール出身のイギリス人、エドウィン・ジョン・ディングル(一八八一〜一九七二年)の『中国徒歩の旅』は、一九一一年に出版された旅行記だが、その湖心亭の写真(図版44)には「柳模様のティー・ハウス　上海」とのキャプションがついている。ディングルにとっては、湖心亭あたりは間違いなく柳模様の世界を表していたのである。

また一九三七年八月一四日の『タイムズ』には、次のような記事と写真が掲載されている。

上海の古い町並みを鳥瞰するピクチャレスクな景観。手前に見えるのは「柳模様」の皿に描かれたティー・ハウスの元になったといわれている、かの有名な柳模様のティー・ハウス。

これは上海の古い町並みを写した写真に付せられた説明だが、この写真（図版45）は確かに湖心亭あたりの景観であろう。ここでも湖心亭のあたりは柳模様の世界なのである。

イギリスの人々にとって、柳模様は幻想の中国であったが、そこにとどまらず、さらに現実の中国であるとも受け止められた。柳模様のような世界が現実の中国にあるのだ、というわけである。上海の湖心亭あたりの風景は、とりわけそうした感覚を引き起こしやすいところだった。ここから、湖心亭あたりの風景こそが柳模様のオリジンだという発想も、もちろん生まれてくる。これは柳模様の中国起源説となる。そうすると、実際に上海で湖心亭を見てきた者には、たとえば、トーマス・ミントンやトーマス・ターナーなどのイギリス人が柳模様を案出したのだという説は、まことに奇妙に聞こえるであろう。

上海を訪れた者は必ず柳模様の皿の元になったパビリオン、もしくはティー・ハウスを見ることになる。そこで、普通の人は、陶磁器に関する本に柳模様はトーマス・ミントン、あるいはトーマス・ターナーが発明したと書いているのを読むと当惑することになる。

44　ディングル『中国徒歩の旅』(1911年) の湖心亭。
「柳模様のティー・ハウス」と題されている

IN THE OLD CITY.—A picturesque view looking across the old Chinese City in Shanghai. In the foreground is the famous Willow Pattern Tea House, said to be the original tea house depicted on "willow pattern" plates.

45 『タイムズ』に掲載された「柳模様のティー・ハウス」。まず
間違いなく湖心亭あたりの写真である (1937年 8 月14日)

この一節は、二章で紹介したカナダの博物館の学芸員スペンドラブが書いた柳模様に関する論文（三八頁参照）の書き出しの部分である（p.1002）。柳模様は、イギリス国内でもてはやされただけではなく、大きくいえば大英帝国内に、そしてその影響下にあったところに広まった。もちろんカナダでも人気があり、おそらくは似たような状況があったのであろう。この論文が書かれたのは一九五六年である。とすると、少なくとも「普通の」イギリス人、いや大英帝国の人々には、二〇世紀の中葉頃までは、柳模様のオリジンとしての湖心亭あたりの景観は強力な磁力を持っていたのであろう。

もっとも、同じところを訪れても、イザベラ・バードのようにまるで心惹かれることがなかった者もいたであろうが。

3　柳模様の中国観をめぐって

シノワズリー研究と柳模様

イギリスの人々が柳模様に中国を見、その中国イメージに実に長い間、少なくとも二〇世紀の中葉頃まで囚われ続けていたとすれば、この柳模様が作り出した中国イメージの問題をうち捨てておいてよいはずがなかろう。その中国イメージが、近代イギリス社会でいかなる役割を果たしたのか、とりわけ近代イギリスの中国観のなかでどのように評価すべきかを考えねばなるまい。

これまで多くの陶磁器の研究書、あるいはシノワズリー研究書が柳模様に触れ、柳模様が長く人気を博したことについて指摘している。ところが、柳模様はいかなる中国観を体現していたのか、その中国観はいかなる役割を果たしてきたのかについては、ほとんど言及されてこなかったのである。

きわめて興味深い子供時代の柳模様体験を述べ、柳模様によってある種の中国観を子供時代に形成したと述懐していたオナーも、その著書の本文では、柳模様については次のように述べているだけである。

多くの同時代人は、ラムの偏愛を共有していたに違いない。イギリスの陶磁器メーカーは、シノワズリーで装飾されたブルー・アンド・ホワイトを一定程度生産し続けたからである。様々なデザインが使用されたが、もっとも人気があったのは一七八〇年頃トーマス・ミントンによって彫られたかの有名な「柳模様」だったようである。それはその後多くの工場、特にスポード社によって採用された。この文様はいくつかの中国のモティーフを統合していたが、ナンキン磁器のいずれかよりもアングロ・チャイニーズ庭園の理想に似ていた。しかし、それはまもなくパゴダ、邸宅、橋の上を急ぐ三人の人物、彼らの上空を旋回する二羽の鳥の重要性を説明するロマンティックな物語を獲得した。それはあらゆる種類の器に適用された。ついには、それは東洋に輸出され、中国人の絵描きによって輸出用磁器に模倣された。(pp.195-196)

ラムの名は先に見たホジソンの述懐にも出てきたが、「私はほとんど女性的といってよいほど古い陶磁器を偏愛していた」とその有名な『エリアの随筆』(一八二三年)で述べたチャールズ・ラムChares Lamb(一七七五〜一八三四年)のことである。このオナーにしても、結局、柳模様が表す中国観の重要性を認識することはない。したがって、その中国観はいかなる機能を果たしてきたのか、この疑問を明らかにしようという意図は全く感じられない。

ヒュー・オナー以降のもっとも優れたシノワズリー研究を刊行したオリヴァー・インピーは、柳模様に関しては次のように述べている。

近代芸術の広範な折衷主義にもかかわらず、……シノワズリー様式がなお健在であるのは驚くべきことである。……

陶磁器においてもその影響はなお明白である。これはジャポニスムの余韻ではなく、大部分が日本の伊万里焼とナンキンのブルー・アンド・ホワイトに由来する一八世紀の陶磁器の延長線上にあるものである。柳模様は、明らかにナンキンに影響された文様だが、一七七〇年代に始まり、それ以来転写のブルー・アンド・ホワイトで人気のある文様として今日まで地位を保っている。それはあらゆる陶磁器に見られる。

テレビや新聞、パッケージ・ツアーやニコンのカメラにもかかわらず、東洋についての西洋の観念は、なお部分的にはインド更紗のカーテンと柳模様の皿に基づいている。一八世紀には、漆のキャビネットとチッペンデールによっていたように。(pp.193–195)

このようにインピーは、柳模様の人気の持続性だけでなく、その西洋の東洋観への影響についても触れている。ここから、われわれの設定した問題へはほんの一歩、せいぜい数歩しかないであろう。

だが、インピーはわれわれの方に歩むことはなかった。

もっとも新しい（しかし決して優れているとはいえない）シノワズリー研究といえるドーン・ジェコブソンの著書にも、柳模様が何らかの中国観を体現しているのではないかという問題意識はない。柳模様については次のように述べているだけである。

富裕層は中国製の輸入磁器で食事をし、さらに豊かなものは銀製品を用い、台頭するミドルクラスは地方で生産された代替品を使用した。中国式のデザインのテーブルウェア、とりわけブルー・アンド・ホワイトで装飾されたものを。陶磁器に文様を転写する方法は、一八三〇年代までにイングランドで、その後ヨーロッパでも一般化した。風景や人物よりなるシノワズリーの幻想的光景が、こうした生産物を飾るためにしばしば使用された。人々のお気に入りは柳模様であったが、この文様は一七九五年に、マンダリンとして知られていた中国の磁器からジョサイア・スポードが発展させたものであった。そのデザインの要素、橋、柳、茶屋、二羽の鳥、オレンジの木、ジグザグのフェンスは、すべて馴染みのシノワズリーであったが、新奇な方法でまとめられていた。これはその後スタフォードシャーの多くの工場で採用された。描かれた風景は、中国的というよりもアングロ・シノワ庭園に似ていた。まもなく、その光景の重要性を説明するロマンティックな物語が加えられた。その文様はあらゆる容器に採用された。非常に人気があったので、それは東洋に輸出され、彼らの輸出用陶磁器を飾る新しい文様を常に欲しがっていた中国人の絵

付け師によってコピーされた。今日に至るまで、柳模様は世界中の陶器店の主力商品の一つであり続けている。(p.198)

このシノワズリー研究は、ほとんどヒュー・オナーの二番煎じといいたくなるほどオナーに依拠しているが、ともかく、ここにも柳模様の中国観の意義を探ろうという意図は全く見られない。

母の膝の上で

以上のように、柳模様を取り上げた研究者は、そもそも柳模様に見られる中国観に気がつかないか、気がついてもそれを特に研究しようとはしていないのである。どうしてであろうか。思うにそれは、彼らが柳模様に取り囲まれて子供時代を過ごしたイギリス人だからである。

ここで、彼らがどのように柳模様に接したのかを改めて思い起こそう。ウェッジウッドのロンドン店のマネジャーを務めたハリー・バーナードの回想だけ挙げれば十分であろう。

子どもの頃誰もが、橋の上の三人の人物は誰なのか、彼らはどこに行くのか、ボートの男は何をしているのか、島には誰が住んでいるのか、どうして二羽の鳥が飛んでいるのか、などと考えたものである。

私が母の膝で聞かされ、母は同じように彼女の母の膝で聞かされた物語……

ここに見られる「母の膝」という語りは、イギリスの人々が柳模様を考える対象とすることを全く想定していないことを物語る。母の膝で語られたことについて、誰がこと改めてその意義などを問うであろうか。こうして柳模様は、それが表す中国観とは何か、あるいはその中国観の役割はいかなるものであったのかなどと問われることもなく、人々の心のなかに住み続けたのである。あるいは、柳模様は研究の対象とするには、イギリスの人々にはあまりにも身近すぎたのだともいえよう。

おそらくこうした課題は、筆者のようなイギリスに関わってはいるが、第三者であるというような者でなければ見いだせなかったであろう。

4　近代イギリスの中国観と柳模様

中国観の転換

柳模様の表す中国観は近代イギリス史のなかにどう位置づけられるのか。まずは近代イギリスの中国観について述べておこう。

近代イギリスの中国観については、一八世紀までの中国観と一九世紀以降の中国観では大きく異なっているというのが通説である。

イエズス会士による中国研究に関する著作で有名なマンゲローが著した最新の中国イメージに関する概説書『中国と西洋との大いなる出会い―一五〇〇〜一八〇〇年』（二〇〇四年）は、この変化をおおよそ次のように描いている。一五〇〇年から一八〇〇年にかけては、東洋と西洋が、干満はあるが相互に影響を及ぼしあった時代であり、この間中国文化は賛美と模倣の対象となり、中国とヨーロッパの混合によるハイブリッド芸術＝シノワズリーも生み出された。この時代の中国イメージは、偉大で強力な中国、あるいは賢者＝孔子のイメージが支配的であった。ところが、一八〇〇年から二〇〇〇年には流れが西洋から中国へと一方的に向かうことになり、西洋の傲慢と中国の屈辱が目立つ時代になった。かつて賞賛された儒教は過去の化石化した痕跡と見なされ、不可解なオリエント、中国人の蔑称であるジョン・チャイナマンのイメージが支配的となってしまった（pp.1-11,130）。

こうした捉え方はいかにも紋切り型で、やや極論という感もあるが、従来の中国イメージの研究も、一八世紀と一九世紀に断絶を見るという点ではほぼ一致している。その際、しばしば転換点として取り上げられるのが、一七九二年から一七九四年にかけて中国を訪問したマカートニー George Macartney（一七三七〜一八〇六年）を団長とする使節団である。このマカートニー使節団は、広東一港での統制貿易体制を打破するという目的を持って中国に赴き、時の皇帝、乾隆帝にも謁見したが、結局目的を達成できずに帰国した。この時、使節団の随行員らが出版した様々な記録が、概して中国に対して厳しいものだったのである。マカートニーの『中国訪問使節日記』（坂野正高訳注、平凡社東洋文庫、一九七五年）から、そのもっとも有名な一節を引用しよう。

> 中華帝国は有能で油断のない運転士がつづいたおかげで過去百五十年間どうやら無事に浮かんできて、大きな図体と外観だけにものを言わせ、近隣諸国をなんとか畏怖させてきた、古びてボロボロに傷んだ戦闘艦に等しい。しかし、ひとたび無能な人間が甲板に立って指揮をとることにな

れば、必ずや艦の規律は緩み、安全は失われる。艦はすぐには沈没しないでしばらくは難破船として漂流するかもしれない。しかし、やがて岸にぶつけて粉微塵に砕けるであろう（二二〇〜二二一頁）。

このようにマカートニーは、この時点ですでに中国の一九世紀における急激な衰退を予言している、というわけである。

そこで、『野蛮の博物誌』（大久保桂子訳、平凡社、一九八九年）などで知られるイギリスの歴史家P・J・マーシャルは、マカートニー使節団の二百年記念研究大会での報告書『儀式と外交』（一九九三年）で、「大部分の歴史家にとっては」マカートニー使節団は中国への「態度における長期的なシフト」を示すという。つまり、「おおまかにいえば、これは一七世紀後半、あるいは一八世紀初頭の空想の中国を賞賛する中国熱から、中国に対する嫌悪へのシフトである」というのである(p.11)。マーシャル自身は「このシフトは一七九〇年代までにはかなり進展していた」というのだが、一八世紀から一九世紀への中国観の大転換には異論がないようである。これに対し、『西洋の社会・政治思想における中国イメージ』（二〇〇一年）の著者、D・M・ジョーンズは、こうした捉え方を極端にすぎるという。そして、マカートニー使節団を分岐点とする中国イメージのシフトは、より複雑であったという(p.38)。しかしながら、この著者にしても結局、中国イメージが基本的には一八世紀から一九世紀に大きくマイナスの方向に転換することは認めている。

幻想から明確な知識へ

筆者自身も、中国イメージの変化は、従来考えられてきたほど単純ではなく、より複雑に、時系列的に変化していくものだと考えている。しかし、一八世紀的な中国イメージが一九世紀には次第に受け入れられなくなることは確かである。筆者は、このことをヴィクトリア時代の総合雑誌の論文を資料として明らかにしたことがある（『大英帝国のアジア・イメージ』）。

その資料を一部だけ紹介しておこう。一八五七年の『ウエストミンスター評論』*Westminster Review* に掲載された「中国と中国人」という論文の一節を見てみよう。

「一八世紀後半、フランスの哲学者が統治や社会科学の理論でヨーロッパを席巻していた時、倫理や立法の先例を東洋に求めたり、賢人の格言としてブラフマーや孔子の言葉を引用することが流行した」。そして、「中国の文明はユートピア、ないしはアトランティス島のレベルにまで誇張された」。この時代のヨーロッパは変動期にあり、旧来の世俗的・宗教的教義が飽きられ、キリスト教世界から遠く離れた地域に秩序と真理の手本が求められたのである。そこで、東洋の文明世界のなかでもっとも遠隔の地にあった中国が、とりわけ注目されただけなのである。今や、「こうしたかすかな微光がさすだけで、ぼんやりとした幻想は、より明確で権威のある知識を前にして消失してしまった」。中国は「文明の競争において、他の国々を追い越しているどころか、他の国々の後塵を拝している」（『大英帝国のアジア・イメージ』一三二〜一三三頁）。

一八世紀から一九世紀にかけて起こった変化は、「かすかな微光がさすだけで、ぼんやりとした幻想」から「より明確で権威のある知識」による中国観への変化であったといえよう。そして、「より明確で権威のある知識」とは、まさにサイードのいう「西洋の東洋に対する支配の様式」＝オリエンタリズムを支える知識であろう。

このように、概していえば、一八世紀から一九世紀に中国イメージは大きく変化し、一八世紀的中国観は一九世紀にはほとんど省みられなくなるとされてきた。

一八世紀の中国観

では柳模様の中国観とは何であったのか、そしてそれは近代イギリス社会の中国観のなかにどのように位置づけられるのかが、改めて問われねばならない。

この際考えねばならないのが、一八世紀の中国観である。一八世紀の中国観の内容を今一度検討してみなければならない。近代西洋の中国観をもっともうまく、簡潔にまとめているD・F・ラックの論考「中国像の変容」(前掲『東方の知』九〜九六頁)によって一八世紀の中国観を整理すれば、おおよそ次のようになるだろう。

それは、基本的に、合理的な社会秩序であるとか、嘘も奇跡もない理性に基づく歴史叙述であるといった「合理性のモデル」、啓示宗教がないにもかかわらず偉大かつ道徳的な一大帝国であるとか、安定した寛容で賢明な政体であるといった「良き統治」、エキゾティックな快楽の源泉であるとか、お伽話の幻想の国であるといった「暢気な暮らしのモデル」、これら三つの要素からなるものだが、これらに「商人たちのよこしまな中国人像」を加えてもよい。最後の要素は、デフォーの『ロビンソン・クルーソー その後の冒険』(一七一九年)における中国に関する叙述などに見られるものだが、一八世紀ではなく、むしろ一九世紀に支配的となるもので、とりあえずは問題にしなくてよいであろう。

一八世紀の中国観を、このように合理性、慈悲深く良き統治、暢気な暮らしのモデルといったものだとすると、そこには三つの要素があることになるだろう。となれば、柳模様の中国観は、明らかに「暢気な暮らしのモデル」の要素を代表するものだろう。だとすると、一八世紀から一九世紀への中国観の変化は、合理性や良き統治という要素は排除したが、暢気な暮らしのモデルの要素まで排除するものではなかったことになるだろう。実際、排除してはいなかったのである。

一九世紀においてもこのことに気がついている人物がいた。『ウエストミンスター評論』に、一八六八年に掲載された「中国」と題された論文の筆者は「遠隔の地にあり、孤立した、不完全にしか知られていない中国帝国」ほど、きわめて漠とした関心を掻きたて、ロマンスと驚異についての広範な観念を生み出した国はない、という。この論者によれば、富、文明、贅沢、壮麗さに溢れる大地というような「無知と放縦な想像力という魔法の眼鏡」が生み出したイメージが、なお現在のヨーロッパ人の想像力を支配し続けている。

もちろん、こんなことはあってはならないことである。実際の中国人は「祖先から受け継いだ制度に緊縛された、基本的に停滞的で、反進歩的な人種」なのだから。彼らは異常な執拗さで「半文明」に拘泥し続ける人々なのである。だから、「無知と放縦な想像力という魔法の眼鏡」が生み出す中国イメージなど捨て去るべきなのだ。しかし、遺憾ながらそうはなっていないというわけだ（『大英帝国のアジア・イメージ』一五〇頁）。

この「魔法の眼鏡」が生み出した中国イメージが、そっくりそのまま柳模様が表す中国イメージだとはいわないが、少なくとも部分的にはかなり重なりあうものであろう。そして、すでに見たように、柳模様の中国観はかなり最近までイギリスの人々の心を捉えていたのである。

ここで、前章の最後に紹介した、一九二二年一〇月二三日の『タイムズ』に掲載された「カタイの平和」という論説で「柳模様のシノワズリー」が三つの中国観のうちの一つとされていたことを、今一度思い出してもよいであろう。

こうして残存した一八世紀的中国観の一部＝柳模様の中国観は、イギリスの人々の心にある種の避難所を与えてきたといえるかもしれない。支配的な中国観からの避難所である。

最上の陶器と磁器に与えられる名前は、その起源を示している。チャイナという名前は、マントルピースの装飾に、クローゼットの陶器に、そして東アジアで北から南に延びる巨大な帝国にも同じように適用される。おそらくこの国に、われわれの日用品は、その多くを負っているのである。中国人が文明の光の射す遥か以前に、眼鏡、虫眼鏡、火薬、銑鉄を知っていたのは確かである。文明は、太陽のように東で興り、今や西洋で頂点に達している。

われわれの現在の窯業は、美しさにおいて中国人が作った陶器よりも遥かにまさっている。しかしながら、人気があるのは、やはり中国人の文様と形である。こうした嗜好の顕著な例が、「柳模様」として知られているブルーの皿の売れ行きが、その他の文様をすべて合わせたものを凌駕しているという事実にある。柳模様という名前は、その皿の中心に配置されている柳に由来するものである。その柳は春の、その葉がつく前に花を開花させている柳を表そうとしている。

柳模様の皿の神秘的な人物について、熱心に考えてみたことのない人がいるだろうか。子供じみた好奇心で、橋の上の三人の人物が何をしているのか、彼らはどこから来て、どこへ行くのかを、不思議に思ったことのない人がいるだろうか。……

懐かしい柳模様の皿。芸術的美しさを欠いているにもかかわらず、それはわれわれにはいとおしいものである。それはわれわれの子供の頃の記憶と結びついている。それは古い友人や仲間の絵のようである。その肖像を、われわれはあらゆるところで見るのだが、決して飽きることはない。その魅力は変わることはない。……

この記事の筆者は、明らかに、この時代に支配的な、今や西洋が停滞する中国を追い越し、文明の点で世界の頂点にいるのだという世界観・中国観を持っている。だが、柳模様の世界に強く心惹かれ、そこで救われているようにも思われる。お気づきのように、これはすでに紹介した『ファミリー・フレンド』に掲載された記事「柳模様の皿の物語」の一節である。

五章　柳模様の現在

1　二〇世紀後半の柳模様

では今、柳模様はどうなっているのか。今も柳模様はイギリスの人々によって愛されているのだろうか。そして、そこにある種の中国をイメージするのだろうか。

答えを先取りしていえば、この一〇年ほどの間に柳模様の運命はかなり変わりつつあるように思われる。

再び、『タイムズ』から

一九六一年に出版されたオナーの著書『シノワズリー』における著者の柳模様についての思い出は、先に見たところである（一三九頁参照）。一九二七年生まれのオナー少年の思い出は、二〇世紀前半のものと考えてよいだろう。そこには、少なくとも二〇世紀前半までは、柳模様がなお広くイギリス社会に浸透していたことが窺われる。では二〇世紀の後半はどうだろうか。そのあたりを

『タイムズ』で少し見ておこう。
一九五二年一一月二六日に「中国映画」と題するレヴューが掲載されている。

さて次は中国映画、バークレー・シネマの『紫禁城』である。これは香港で制作されもので、一〇〇パーセント中国製とはいえないかもしれない。そこに共産主義革命の成功の痕跡を見いだすことはできない。それが伝えるのは穏健で、人道的なリベラリズムである。それは時代物で、義和団事件の頃の北京を舞台とする、宮廷での陰謀という魅力的なテーマを扱っている。この映画は、門外漢の無知な西洋人が、柳模様の皿をわれわれに与えた中国から期待してよい、無邪気さ、魅力、装飾性を持っている。

「柳模様の皿をわれわれに与えた中国」とはどんな意味なのか、柳模様は中国起源なのだという意味なのか、あるいはイギリスに柳模様を生み出すきっかけを与えたという意味なのか、よく分からないが、それはともかくとして、ここにはなお中国＝柳模様という発想が生きており、しかも柳模様にかなり好感を持っているようである。
一九五五年二月八日には、「テレビドラマの実験」として、柳模様物語に基づいた「天空を飛ぶ二羽の鳩」というドラマがイギリス放送協会ＢＢＣで放映されたことが報じられている。「天空を飛ぶ二羽の鳩」とは、もちろん柳模様の上部に見えるつがいのキジ鳩のことであろう。いかにもテレビの草創期らしいエピソードだが、柳模様の人気がまだまだ衰えていないことを示すものだろう。

一九六〇年一月二日には「日本の緒締《おじめ》」を論じたレヴューが掲載されている。

……印籠や根付《ねつけ》は熱心に収集されるが、緒締は奇妙にも無視されてきた。筆者は四〇〇ほどのコレクションを持っている。そのなかには……柳模様の皿を想起させるような景観のなかのかわいい小さなティー・ハウスを持つものや……

緒締とは、袋物や印籠などに着いている玉や象牙などでできた口を締める具である。この記事の筆者は、かなり凝り性のコレクターのようだが、やはり柳模様には愛着を持っているようである。

次はクイズである。一九七二年七月一二日に「イングランドの陶土」と題された広告に、以下のようなクイズが掲載されている。

有名な柳模様伝説を発明したのは誰だといわれているか。ジョサイア・ウェッジウッド、トーマス・ターナー、毛沢東。

解答はトーマス・ターナーとなっている。柳模様を発明したのは誰かなら、トーマス・ターナーという答えもありだが、伝説となると首を傾げてしまう。ちなみに、他の質問は、USSRの国家元首は誰か、なぜボーン・チャイナと呼ばれるのか、DORAとは（答え：国土防衛法）、コーンウォール語とブルトン語の共通点は何かなどで、特にふざけているわけではなさそうである。とすると、柳模様そのものと伝説を一緒くたにしてしまったということだろうか。ともかく、これも柳模様にマイナスのイメージはなさそうである。

アジアのキジ

次の「皿に答えを見つける」と題するニュース（一九七六年九月四日）は、明確に柳模様に否定的である。

46 『タイムズ』おすすめのブルー・アンド・ホワイト（1976年9月4日）

写真の二つの皿は、一九世紀初頭のスタフォードシャーのブルー・アンド・ホワイトの転写陶器である。スタフォードシャーのブルー・アンド・ホワイトといえば、あの飽き飽きする柳模様、それも大抵はけばけばしい新しいヴァージョンしか思い浮かばない者には新発見であろう。いずれもバースの骨董市で入手したもので、一五ポンドを越えない。……

ここで取り上げられている陶器（図版46）は「アジアのキジ asiatic pheasant」（図版47）と呼ばれる系統のものではないかと推測される。インターネット上のサイトに「アジアのキジ――一九世紀スタフォードシャーのブルー転写陶器」と題された記事を発見した。

47　アジアのキジ。1840年頃

アジアのキジは、ヴィクトリア時代のもっとも人気のあった食器類の文様である。その生産と人気は、ほぼ女王の治世と一致する。こうした人気のゆえに、スタフォードシャーでは今なお生産されている。

ジョージ王朝時代の暗い柳模様に比べて、より明るいアジアのキジは、ヴィクトリア時代を反映していた。スタフォードシャーの窯業は経験を積み、その生産物は、柳模様が明らかにそうであった中国様式のコピーにもはや頼る必要はなかった。連合王国中の鉄道の普及とともに、この新しいロマンティックな文様は遥かに人気があることが分かった。工業化の時代とともに、普通の人々がかつては金持ちのものであったものにアクセスできるようになった。……

この文章の中身の妥当性については、ここでは問わない方がよいであろう。このサイトはそもそも「アジアのキジ」の広告のためのものだからである。それよりも、この二つの時代を隔てた文章の主張の類似性に注目しよう。ともに柳模様を足蹴にし、アジアのキジとおぼしき陶磁器を持ち上げようとしている。とはいえ、タイムズの記事がとりわけ目の敵にしているのは、新種の柳模様であって、伝統的な柳模様にはさほど悪い印象はなさそうではあるが。

柳模様への反発

次の中国関係の催しを伝える記事（一九七八年三月一八日）は、柳模様に否定的というだけでなく、シノワズリー以来の東西の文化交流にも否定的である。そもそもタイトルが「二つの文化はどう出会い、どう誤解したのか」なのである。筆者はバイロン・ロジャーズ Byron Rogers である。バイロン・ロジャーズについては詳しいことは分からないが、作家として活躍している人物のようである。

……マンチェスターのホワイトワーズ・ギャラリーで本日オープンした「中国マニア展 China Mania」は、中華帝国との出会いによる一七、八世紀のヨーロッパの趣味への影響を記録している。……

ザクセン強王は磁器と女性という二つの情熱を抱えていた。……マイセンの工場が設立され、その時製造の秘密が守られた。当然ながら、二〇年以内にはヨーロッパ中で磁器工場が操業していた。

……新しい熱狂は、中国のものすべてに対する狂気じみた熱情を生み出した。スタフォードシャーの皿には静寂の世界が描かれた。それは庭園と湖の世界であった。そこでは、老人が木の下に座り、蝶が飛ぶのを見ていた。ややこしい話だが、中国人を、いわんや中国を見たことがあるものはほとんどいなかった。それはどうでもよかった。丸顔、長い衣装、パゴダ、そして熱狂が渦巻いていた。

これほどの熱狂は、他のヨーロッパの国では見られなかった。……

西洋は独自の中国デザインを生み出し始めた。かくして、柳模様は、そのブルー・アンド・ホワイトのナンキンの色彩にもかかわらず、一七七〇年代のイングランドにその起源を持つ。当時の中国人がそれを見たら、非常に当惑したであろう。

皮肉なことだが、中国人は彼らの最上の磁器を輸出することはなかった。彼らがヨーロッパ人に受けるであろうと判断した派手なものだけを輸出したのである。彼らはヨーロッパとの出会いでぼろ儲けすることに異存はなかったので、ヨーロッパのデザインを模造し始めた。それから相互の誤解による狂気じみた舞踏劇が続いた。……

二つの文明は互いにまるで見知らぬ犬同士のようにくんくん匂いをかぎあった。イングランド人は彼らが中国式家具と考えた、奇怪で、壊れやすい、鈴や上向きの蛇腹のついた家具を製作し

48　ブライトンのロイヤル・パビリオン。これは1826年の版画だが、現在でもその姿はほとんど変わらない

た。中国人は彼らがイングランド式と考えた家具を製造した。グロテスクな、巨大な革のシートがついた椅子などを。当時の中国の家具は上品で美しかったのだが。

この展覧会は一六五〇年から一八二〇年までをカバーする。摂政の宮はいつものように度を超し、ブライトンのパビリオンはシノワズリーのばかばかしさをもたらした。……多くの人々が中国を訪れるにつれて、その魅力は減少した。哲学者の王国という古い夢は、堕落した帝国の現実に道を譲った。

しかしシノワズリーは奇妙にもなお生き残っている。それは今日なお百万ものティーセットとともにある。三人の丸顔が橋の上を滑るように動き、ツバメたちが羽ばたく、……

ザクセン強王（ザクセン選帝侯アウグスト一世）と

49　ロイヤル・パビリオンのバンケット・ホール。1826年の版画

は、もちろん、錬金術師J・F・ベトガーを城に閉じこめてヨーロッパで初めて硬質磁器の焼成に成功させ、マイセン磁器の礎を築いた王である。摂政の宮とは、後のジョージ四世（在位一八二〇〜三〇年）のことで、保養地として知られていたブライトンに外観はイスラム風、内装はシノワズリーという奇想天外な離宮、ロイヤル・パビリオン（図版48、49）を造営させたことで知られている。その後ヴィクトリア女王がこの離宮を手放し、収蔵物は散逸したので、現在のロイヤル・パビリオンに昔日の面影を見ることは困難であろうが、いまでも天井からドラゴンのシャンデリアがぶら下がり、シノワズリーの雰囲気は十分感じられる。

この記事の筆者は、こうした東西の文化交流を「相互の誤解による狂気じみた舞踏劇」と総括してしまう。柳模様の理解もこの枠組みでなされることになる。この記事の筆者は柳模様がイギリス起源であることを分かっている。しかし、それは中国を誤解した上で生み出されたものだというわけである。それゆえにどうも好意的になれないようである。最後の「三人の丸顔が……」はもちろん柳模様のことである。この記事の筆者には、柳模様が今日に至るまで人気を保っていることが忌々しいことなのである。その忌々しさは、東西の文化交流が誤解に満ちたものであったというだけではなく、「哲学者の王国という古い夢は、堕落した帝国の現実に道を譲った」という、まさに典型的な一八世紀から一九世紀への中国観の転換にもよっている。つまり、この筆者には、一八世紀から一九世紀への中国観のシフトの安全弁としての柳模様の役割など考えられないのである。先に見た『ファミリー・フレンド』の記事との落差は大きい。

どうもこのあたりから、長らくイギリス社会で人気を博してきた柳模様への反発が目に見えるようになってきたのかもしれない。

2 柳模様が消えた

柳模様を求めて

かつて、私は岩波書店の『講座 世界歴史』の月報（一九九九年一一月）に、「柳模様の世界」と題する雑文を載せたことがある。その際、一九九九年夏の体験として、ロンドンの世界一の骨董市を自称するポートベロー・マーケットに柳模様の大皿やティーセットが溢れ、名門百貨店ハロッズにさえかなり高額の柳模様の大皿が鎮座していた、と書いた。要するに、シノワズリーの産物である柳模様が、イギリス社会においてなお健在であることを目撃したわけである。

ところが、二〇〇四年の秋のイギリス旅行で、私は柳模様に関して衝撃的な光景を目にし、落胆したくなるような話を聞くことになってしまった。

実は、先ほどの月報の拙文で、柳模様について本格的に調べる必要があると述べ、自ら乗り出すつもりであると宣言してしまっていた。ところが、すでに述べたように、この間、一九世紀末に中国で反纏足運動を展開したリトル夫人という英国人女性に取り憑かれてしまい、柳模様に本格的に取り組む態勢にはなかった。この英国人女性についての書物を書き上げたのを幸いと、二〇〇四年の一〇月から一一月にかけて、柳模様を求めてのイギリス旅行を敢行することと相成ったのである。

50　ストーク・オン・トレント駅。後ろ向きの像はジョサイア・ウェッジウッドである

ストーク・オン・トレントにて

まずはイギリスの窯業の中心地、ストーク・オン・トレントに向かった。まともに行けばロンドンから列車で二時間ほどの所だが、イギリスではよくあることでこの日も大幅に列車のダイヤが乱れており、結局待ち時間を入れると五、六時間はかかってしまった。ストーク・オン・トレントの駅（図版50）から少し歩くと、いささかうらぶれた感じのB&B（民宿）が何軒かあったが、いずれも満員とのこと。駅の正面に立派なホテル（図版51）があり、いかにも高そうに見えたが、予約なしで五〇ポンドほどで泊まれた。先に触れた壁にミントン社の創業

51　ストーク・オン・トレント駅前のホテル。手前に見えるのがウェッジウッドの像

者、トーマス・ミントンの肖像画が掛かっていたという部屋である（一一三頁参照）。

さて、柳模様である。ストーク・オン・トレントの駅から歩いて行けるのは、スポード社とミントン社である。ウェッジウッド社は少し離れていて、別の駅で降りる必要がある。柳模様の生産にもっとも力を入れてきたのはスポード社であるから、スポード社に行くことにする。場所は駅の裏手に当たるが、歩くと一五分ほどはかかる。駅周辺は閑散としており、工場があるあたりの方が町の中心らしい。スポード社のショップとミュージアムを見学した。柳模様は様々なメーカーによって製造されていたが、柳模様といえば、やはりスポードである（図版52）。ミュージアムには柳模様が飾られ、その説明文には初代スポードが中国の陶磁器（マンダリン Mandarin）の文様を翻案して柳模様を創作したのだと書かれていた。第二章で見たように、スポードの関係者であるコープランドも、初代ジョサイア・スポードが柳模様の創作者だと主張していた。スポードは柳模様の本流を自負しているのである。だが、そのショップを見ると、柳模様製品はもはや脇役にしか見えない。店内をさっと見渡しても柳模様が見えないので、店員に尋ねると、隅の方に柳模様が置かれていた。どう見てもこれが主力製品とは見えない。どうも様子がおかしい。

ポートベローからハロッズへ

ロンドンに戻ってから、さっそく、ポートベロー・マーケットに出かけた。といっても、ポートベロー・マーケットは、毎日開催されているわけではなく、土曜日のみの開催である。土曜日になるのを待って、地下鉄ノッティング・ヒル・ゲイトの駅に降り立った。ここで降りた人々は、例外はあるがほぼすべてポートベロー・マーケットへと向かう。だから、流れについていけば迷うことなくマーケットに着く。相変わらず人が多い。マーケットではすれ違うのも大変だ。このにぎわいがマーケットの醍醐味だろう。

このマーケットは、通りに並んだ露店、個別の独立したショップ、そして何軒か露店をまとめたバザールのような所からなっている（図版53）。私は、陶磁器

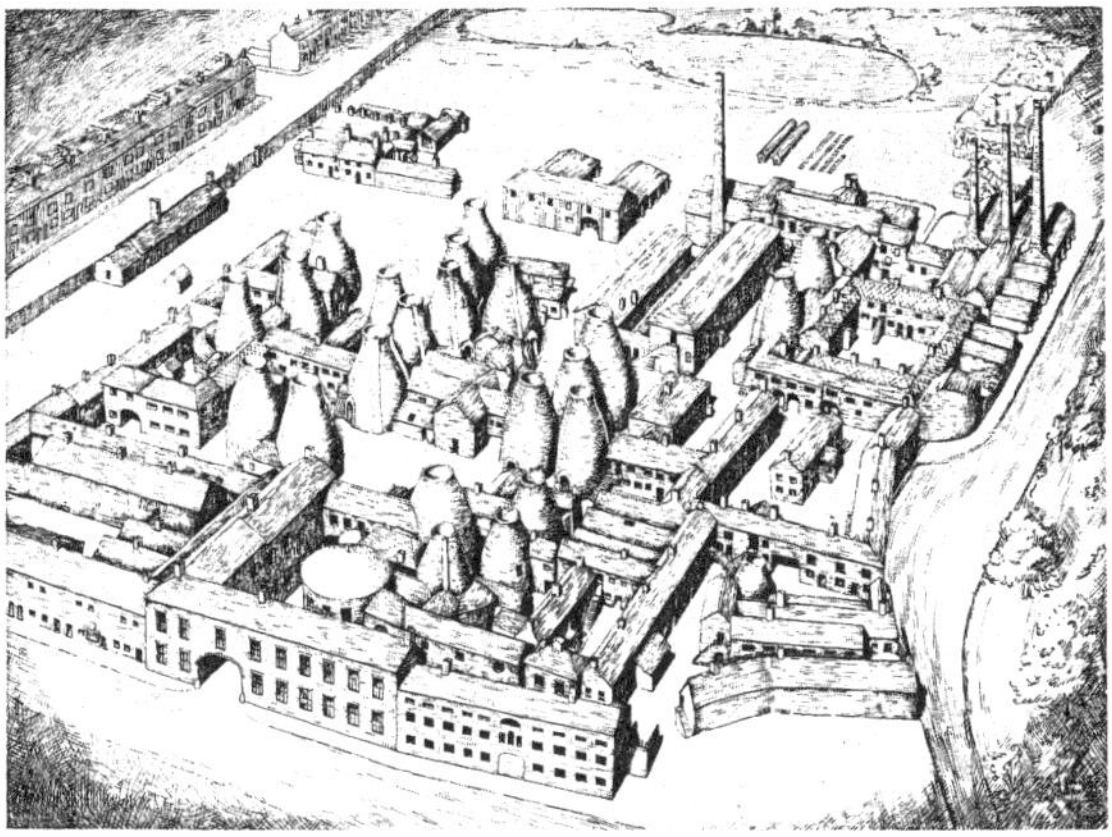
52　スポード社の工場。19世紀初頭のスケッチ

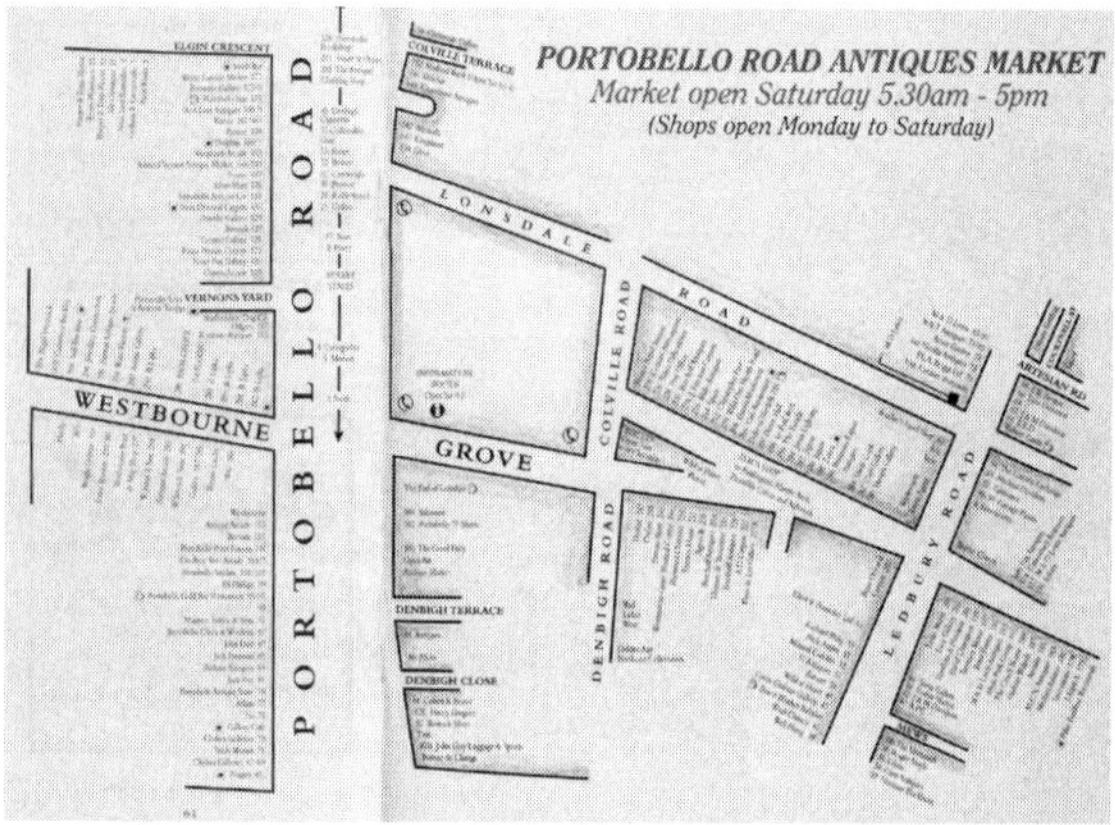

53　ポートベロー・マーケットのパンフレット「世界最大の骨董市」より、マーケットの地図

を扱う店が何軒かまとまっているバザールのような所に入った。だが、柳模様がない。全くない。場所を間違えたかとも思ったが、そんなことはない。もちろん、ブルー・アンド・ホワイトは多い。しかし、それらはイタリアあたりの風景であったり、中国の風景であったりするが、決して柳模様ではない。そこで聞いてみた。柳模様はないのかと。ないね、と素っ気ない。もちろん柳模様を知らないわけではない。しかし、ほとんど柳模様へのこだわりは見られない。

　落胆して、外に出て露店を見て回るが、やはりない。この時に見つけたのが、すでに述べたいかにもイギリスのおばさんという感じの女性の露店にあった、橋の上の人物が三人ではなく二人しかいない柳模様の皿である（二八頁参照）。丁寧に探せば他の店でも見つかったかもしれないが、それにしても五年前の情景とはまるで違っている。

　次は、やはりハロッズが気になる。そのままハロッズへと向かった。やはりない。どこを探してもない。あれだけあった柳模様が。と思っていると、たった一枚。それも二〇センチほどのありふれた皿であるが、一枚だけ柳模様がひっそりと、様々なブルー・プリントのなかに埋もれるように飾られていた。わずか一二ポンドのやけにみすぼらしく見える柳模様であった。その近くに、よく見るとごく小さな柳模様の皿が何枚か重ねて置かれていた。お値段は一枚四・五ポンドとある。ここもまるで様変わりしていた。店員に尋ねると、柳模様にはほとんど愛着もなさそうで、スポードがフル・セットの柳模様をもはや作らなくなったのだというのが、柳模様を置かないことへの返答であった。おそらく、生産の重点が別の文様に移ったのであろう。

54　骨董市アンティクォーリアス

骨董街から消えた柳模様

こうなればもう少し徹底して調べてみる必要がある。一九九九年には訪れなかった、室内のマーケットに足を運んだ。まずは、この手のマーケットとしてはかなり有名な、アンティクォーリアス（図版54）である。そこの陶磁器を扱う店を見てみたが、やはり柳模様はない。一枚もない。ここの店主も、淡々と柳模様が流行ったのは二〇年前の話だという。今は趣味が多様化して柳模様も流行らないということらしい。アメリカ人は好きだけどね、とはいっていたが。やはりどうも様子がおかしい。このマーケットのすぐそばにあるチェルシー・アンティーク・マーケットにも足を運んだ。まず一軒目。全くない。店主に聞くと、隣には多分あるだろういう。なるほど、一枚だけあった。かなり大きな角形の立派な柳模様の皿である。店主の話では、一七八〇〜一八一四年の間に製造されたロジャーズ社製の、きわめて珍しいものだという。年鑑まで持ち出して、これが正真正銘の本物であると説明してくれた。ちなみに値段は、二五〇ポンド（五〜六万円）。妥当な値段かもしれない。柳模様はこれだけかと聞くと、もう一枚、別の場所に展示していた柳模様を見せてくれたが、これは橋の上の人物は二人しかいなかった。やはり橋の上の人物が二人という柳模様も確かにあるのである。ここの店主にいわせると、柳模様伝説は三通りあり、これもちゃんとした柳模様なのだという説明であった。しかし、それにしてもイギリス人は柳模様が非常に好きなはずであるのに、どうしてこうも柳模様がないのかと聞いた。店主にいわせれば、それは昔の話だとあっさりいう。私の英語力はかなりいい加減なものだが、この時ばかりは used to という単語がやけに鮮明に聞こえた。また、スポード社の柳模様についても聞いてみたが、あれはコモン common だという。スポードのものはどうもありふれていて、骨董屋としては関心が持てないということらしい。

五年前の私の経験は、どうやら柳模様の断末魔の最後の輝きであったのかもしれない。今や柳模様がイギリス中に満ちあふれているなどとはとてもいえない。こうなると、博物館が気になる。

3　博物館のなかの柳模様

ストーク・オン・トレントの博物館

骨董店やハロッズなどの柳模様を見てきたが、では博物館のなかではどうなのか。

まずは、ストーク・オン・トレントのロングトンにあるグラッドストーン窯業博物館（図版55）である。ロングトンへはストーク・オン・トレントから一駅である。ロングトン駅に着いてもあたりには何もない。だいたい駅が無人駅である。こんな所に博物館があるのだろうかと心配になる。しばらくすると、多少町らしくなり、博物館への矢印も見えてきて安心した。駅から徒歩一〇分というところであろうか。ここは焼き物に興味のある人には非常におもしろい博物館だろう。かつての陶磁器の工場をそのままに見せてくれる。陶磁器の製造工程がよく分かるように展示されている。しかし、柳模様を求めてきた者には少々がっかりである。もちろん、中国製の陶磁器は目にしたが、柳模様がない。ここはコレクションを見せる博物館ではないので、しょうがないのだろうか。

◀55　グラッドストーン窯業博物館のパンフレット。実際に陶磁器作りを体験できるのが売りになっている

▼56　ハンリーの市立博物館の展示。上段左端と上から二段目の真ん中の皿が典型的柳模様である

しかし、ストーク・オン・トレントの中心、ハンリーにある市立博物館・美術館はおもしろい。陶磁器の立派なコレクションがあるだけでなく、一昔前の人々の暮らしを再現した地方史的な展示や、衣装の歴史を示す展示などもあり、非常に意欲的な展示をする博物館である。しかも、ロングトンの窯業博物館は有料であったのに、ここは無料であるからますますありがたい。さて、陶磁器だが、さすがにここには柳模様がある。ただし、それほど大きく扱われていたわけではない。「ブルー転写陶器」のコーナーに二枚ほどの皿が並んでいただけである（図版56）。少々拍子抜けがしたが、まあこんなものなのであろう。

ヴィクトリア・アンド・アルバート博物館

では、ロンドンはどうだろうか。まずは、やはり大英博物館。ほんの少し前まで大英博物館と大英図書館が同居していたが、今は大英図書館はキングス・クロス駅の方に移った。だから大英博物館の様子が以前とはかなり違う。かつて、かのマルクスも通ったというドーム型の大閲覧室は残されているが、このあたりが広場やショップ、レストランになっている。展示も啓蒙主義に関する部屋が新たに設けられていた。ここに柳模様はあるのか。近代のイギリス・ヨーロッパのコーナーに、中くらいの皿が一枚。これは橋の上の人物が三人いる典型的な柳模様である。その他には小皿が少々といったところである。大英博物館は、そもそもエジプトのミイラやロゼッタストーンなどの古代文明の遺物の展示を売り物にしているわけだから、まあこんなものだろう。

近現代の遺物については、何といってもヴィクトリア・アンド・アルバート博物館である（図版57）。ここには、近現代の世界中の家具、衣装、陶磁器、絵画、インテリア類などが手広く収集されている。また、この博物館は、もともと一八五一年のロンドン万博の収益金によって設立されたという経緯もあって、万博関係の展示もある。

さて、柳模様である。まずは、陶磁器のコーナーへと足を運んだ。あるにはあったが、中位の皿が二枚ほどあるだけである。いずれも、橋の上の人物が三人の典型的な柳模様ではあるが、いささか寂しい。ここを訪れる人はきわめて少なく、係員も暇そうである。そこで、もう少し柳模様はないのかと尋ねると、柳模様がピンとこないようである。そこで、柳模様の展示されているところに案内するると、ああこれね、と納得した。そこで、こういうものに関心があるのなら、ちょうど今「邂逅─東洋と西洋の出会い」と題する特別展が開かれているから行ってみてはどうかという。偶然だが、日本の屛風などを展示した、東洋と西洋の出会いの意味を考えようという展示が行われていたのである。すでに第一章で紹介した特別展のことである（一六頁参照）。大英博物館で、この「邂逅」展のカタログを見ていたので、この特別展について知ってはいた。カタログを見る限りでは、私にとっては目新しいものは何もなく、柳模様が出てくる気配も全くなかったので、見学するつもりはなかったのだが、一応会場に行ってみた。すると、突然日本の童謡が聞こえてきた。どういうわけか、なんだか気恥ずかしくなってしまい、その場を逃げ出してしまった。

ここはこれまでとして、次に近代イギリスの展示を見ることにした。これは様々な展示物によってイギリスの歴史を再現しようとするきわめて意欲的な展示で、非常におもしろい。そして、柳模様もここにちゃんとあった。これまで見てきた各地の博物館での展示のなかで、もっともまともに柳模様を扱っていた。近代イギリス史のなかに柳模様を位置づけようとしていることに好感が持てた。柳模様は「中国とインドの様式。一八〇〇年から一八三〇年」と題されたコーナーに展示されていた。そこの説明文を以下に掲げておく。

一九世紀初頭に、デザイナーたちは建築やインテリアにおいて、装飾品や小物類におけるのと同様に、中国やインドの意匠を用い続けた。それらがもっとも派手に用いられたのは、ブライトンにある摂政皇太子のロイヤル・パビリオンのインド様式のエクステリアと、中国風のインテリアにおいてである。

中国製の壁紙、竹を模した家具、プリント柄の綿製品が新たに流行した。輸入されたものもあるが、イギリスの製造業者は中国やインドの意匠を用いて独自のデザインを発展させもした。広く市場に流通するような陶器は、インドや中国の風景を翻案した転写によって装飾を施された。しかしながら、これらのなかでもっとも有名なものは柳模様である。柳模様は完全にイギリスの窯業業者によって発明されたものである。

これこそ私が期待していた展示であった。

57 ヴィクトリア・アンド・アルバート博物館。かつてはここが博物館への入り口であった（現在の入り口は別のところにある）

58 『中国の輸出用芸術とデザイン』が掲載する柳模様誕生に関わったと思われる磁器の例。1770年頃

橋の上に三人の人物がいる典型的な柳模様は一枚だけだが、その説明は以下の通りである。

柳模様の皿。一八〇〇〜一八二〇年。これは、イギリスの転写陶器のデザインでもっとも有名な柳模様の、もっとも普通のヴァージョンである。これはイギリスの窯業業者によって発明されたものだが、中国のブルー・アンド・ホワイトのデザインによって影響されたものである。

ちなみに、これはスポード社製の皿であったが、やはり橋の上に三人の人物が配されている柳模様が典型的なものなのである。すでにお気づきかと思うが、これらの説明では、柳模様は中国の陶磁器のデザインを参考にイギリスで案出されたものだと断言しつつも、柳模様の案出者をただ「イギリスの窯業業者」としており、特定の人物の名前を挙げていない。

非常に妥当な措置であろうと思われる。

このヴィクトリア・アンド・アルバート博物館が発行した『中国の輸出用芸術とデザイン』は、柳模様案出の際に手がかりを与えたであろう中国の陶磁器を紹介している（図版58）。いずれもこれまで紹介してきたナンキンやカントンと呼ばれるもののようである。

すでに紹介した「柳模様の皿ゲーム」と題されたカード・ゲーム（四二頁参照）を見つけたのはここのミュージアム・ショップである。一六ポンド（三〇〇〇〜四〇〇〇円）と少々高いのではないかと思ったが、これは見逃す手はないと思って買っておいた。

スコットランド国立博物館

以上は二〇〇四年のイギリス旅行での話だが、ついで翌二〇〇五年のイギリス旅行でも貴重な情報を得たので、その時の話を付け加えておこう。まずエディンバラから。エディンバラといえば、なんといってもエディンバラ城ということになろうが、筆者の主たる目的はスコットランド国立博物館である。ジョン・マッケンジーの著書（『大英帝国のオリエンタリズム』）のなかで、この博物館にアジアへの輸出用陶磁器がかなり所蔵されているとの指摘があり、これを確認しておきたいと思ったのである。ここは大英博物館やヴィクトリア・アンド・アルバート博物館などに比べれば、どうしても小振りな感じは受けるが、非常に充実した内容の展示がなされている。スコットランドの歴史が、大英帝国の発展との関連などを含めてかなり丁寧に紹介されている。問題の輸出用陶磁器はスコットランドの窯業を紹介するコーナーで見つかった。展示品は少数であったが、なかなかおもしろいものであった。筆者にとってのこの博物館での最大の収穫は、ここにかなりまとまって柳模様の展示があったことである。そこに展示されていた柳模様の大皿（図版59）の説明を紹介しておこう。

一八世紀後期の作であるこれら二つの丸い小皿に見られる中国の景観デザインは、このイングランド製の陶器の大皿に見られる柳模様の要素のいくつかを提供した。

59　スコットランド国立博物館の柳模様の大皿

柳模様に影響を与えたかもしれない、中国製の陶磁器（図版60）を紹介しているわけである。すでに指摘したように、柳模様に影響を与えた中国の陶磁器があることは間違いない。おそらく、図版のような陶磁器がお手本とされたのであろう。しかし、この陶磁器だけがお手本だったのだと断定するのはやはり無理であろう。なにしろ、似たような中国製の陶磁器が非常に多いのだから。ともあれ、あまり期待していなかったの

60　スコットランド国立博物館の柳模様に影響を与えたという小皿。左の皿の文様はゴッデンのいうウィロー・ナンキンにもカントンにも酷似している

で、ここで柳模様に出会えてうれしい限りであった。

この年もロンドンでヴィクトリア・アンド・アルバート博物館に赴いたが、展示がやや変わっていて、展示の説明がかなり丁寧になっていた。ここで次のような柳模様の説明を見つけた。

柳模様は、もっとも有名なイギリスの陶磁器デザインの一つである。橋のそばの寺院、小船と柳の木の景観は、中国の陶磁器に見られたイメージによって影響されたものだが、イギリスの窯業業者の創出したものであった。その文様が描くとされる恋物語は、のちに賢明な市場戦略として捏造されたものである。

柳模様物語の説明が加わっているが、その物語は柳模様が案出された後で「捏造されたもの」とされている。妥当な説明である。

柳模様は、もちろんかなり前から博物館に収まっていたはずだが、今や博物館こそが柳模様にふさわしい居場所となってきたのかもしれない。博物館以外の場所で柳模様を見つけるのは困難になってきているし、逆に博物館の柳模様の展示は充実してきているようだ。おそらく、これからますますそうなるのではなかろうか。

忘れられた柳模様物語

この年、エディンバラの後にグラスゴーに立ち寄り、アール・ヌーボーの旗手の一人マッキントッシュがデザインしたという、その名も「ウィロー・ティールーム」などを見物した。柳がモティーフになっているらしいことは感じられたが、柳模様と関係があるのかないのか、これはよく分からなかった。グラスゴーからの車中で二人のおじさん（五〇～六〇歳ぐらいか）と談笑した。ロンドンとウェールズのカーディフに行くのだそうだが、柳模様について質問してみた。さすがに柳模様はよく知っており、実際に持ってもいるらしい。ところがである。柳模様物語は全く知らないのである。さっそく柳模様の絵を描いて物語を教えてみた。忘れているだけで聞けば思い出すのではと思ったのだが、話を面白がってはいたが、全く知らなかったようである。柳模様はやはり博物館にふさわしいものになってきたようである。

おそらく、子供たちが柳模様物語を聞きながら育つなどということは、もはやあり得ないのであろう。そうではなく、今は子供たちが柳模様物語を学ぶ時代なのである。オックスフォード大学出版局から出ている『柳模様の陰謀』（一九九九年）という子供向けの劇の台本は、この点でなかなか興味深い（図版61）。話は、ある子供がガレージ・セールで母親のためにブルー・アンド・ホワイトの皿を買うところから始まる。子供たちはこの皿が柳模様と呼ばれていることを知っている。ところがその物語は知らないのである。ある子供が、「どうしてこの皿は柳模様と呼ばれているの」と聞くのだが、子供たちは誰も知らない。話の後半では、子供たちが魔法の鍵を持って「ブルー・アンド・ホワイトの冒険」を敢行する。子供たちは柳模様物語のクーン・セー（このテキストではどういうわけかキムである）とチャンに出会い、彼らを襲う兵隊たちをやっつけたところで、現在の世界に戻ってくる。そして最後に子供が「本当の柳模様物語では何が起こっていたのかしら」と感想を述べる。こうして、子供たちは本当の柳模様物語へと導かれる、というわけである。

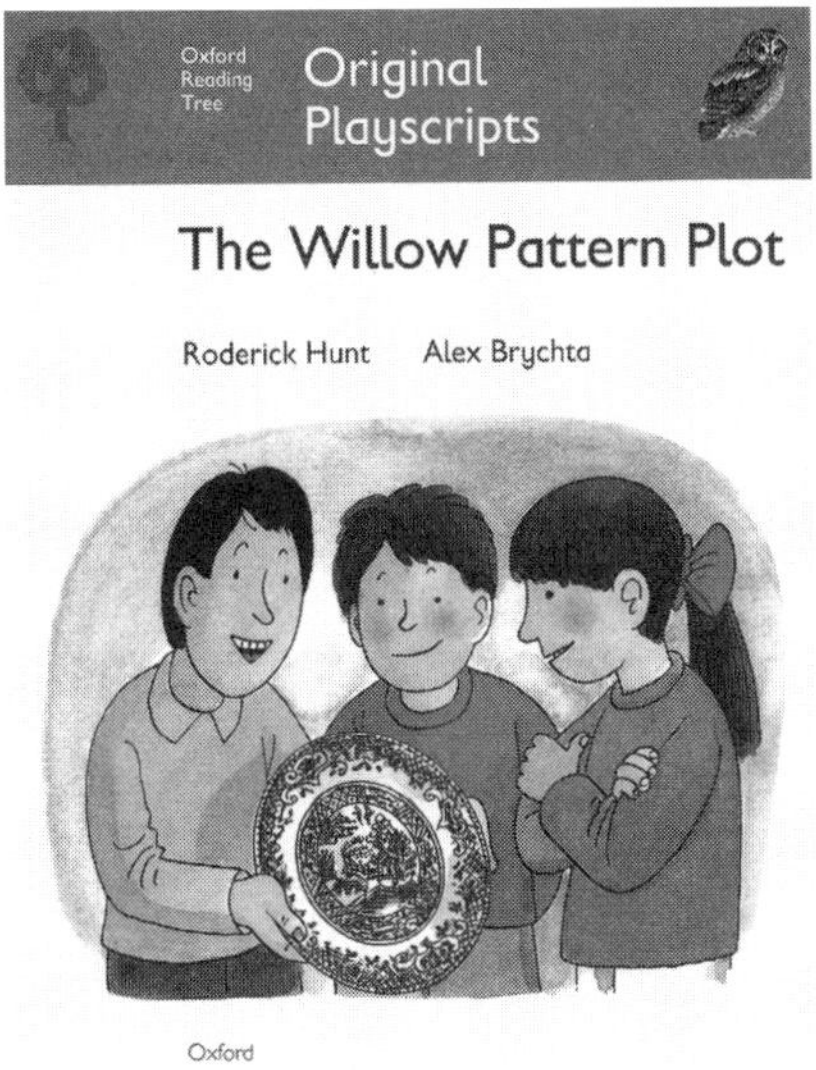

61 『柳模様の陰謀』の表紙。子供たちが手にしているのは典型的柳模様である

六章

日本における柳模様

1 柳模様に対する認識

本書の冒頭でも触れた日本の柳模様について見ておこう。ニッコー社製の柳模様との出会いは比較的早かったのだが、日本での柳模様の調査は最後になってしまった。本書としてもこれを最後の締めくくりとしよう。

日本の陶磁器辞典による説明

まず日本で柳模様がどれほど知られているのか、どのように知られているのかを見るために、日本で出版されている陶磁器の辞典による柳模様の説明を見てみよう。陶芸家、加藤唐九郎編集の『原色 陶器大辞典』（淡交社、一九七二年）では、次のように説明されている。

柳文様 イギリスでいわれるウィロー・パターンである。また比翼文様ともいう。意匠に小異はあるが、水辺の堂楼と島とがあって、中央に水辺の柳を描き、上に比翼の島を配する。この図案は中国の悲恋伝説より出たもの。つまり某大官の娘と食客の青年とが人目を忍ぶ仲となったことを大官が知って、二人の仲を引き裂き娘を一室に監禁した。娘は窓外の柳架に悶々の思いを遣っていた。大官は娘の監禁室と本邸とを結ぶ橋上に青年を連れだし鞭で折檻したが、二人の心を断つことができなかったので、ついに娘を離れ小島に流したが、青年は夜になると舟を出し二人の交情は誠にこまやかなものがあった。大官はこれを知り怒髪天をつきついに火を放ったが、不思議にも燃えさかる焔の中よりつがいの鳥が飛びだして睦まじげに飛び去ったという。一七、八世紀頃中国を旅行したオランダ人はこの伝説に興味を持ち、堂楼・橋・舟・柳・鳥を配し、この物語を象徴した図案を試み、まずオランダの藍絵銅板にこれを施した。この図案は非常にヨーロッパ人に喜ばれたとみえ、イギリスにもその類品が多いのをはじめ、フランスにもまた同様の陶器がある。さらに中国で輸出向きの製品に盛んにこの図案を施し、今日わが国でも輸出向きとして製造されている。

柳模様はオランダ人が案出したというわけだが、すでに見たように、このような説は英米圏の文献では全く取り上げられていない。ここで述べられている中国の悲恋の物語は、柳模様物語に多少は近いとはいえるかもしれないが、この物語を図案にしたというのは見当違いである。まず柳模様のデザインの皿ができ、それをもとに誰かが物語を考えついたというのが事実であろう。また、物語

62 『連環画報』所載の柳模様物語
(1989年10月号)

もイギリスで案出されたものであり、そもそもこのような物語は中国にはないようである。なにしろ中国の雑誌『連環画報』（人民出版社、北京）の一九八七年の一〇月号に柳模様物語の翻訳が掲載されているくらいである（図版62）。とはいえ、オランダやフランスでも柳模様を製造していたことは確かである（図版63、64）。

次は比較的最近出版された『角川 日本陶磁大辞典』（矢部良明編、二〇〇二年）を取り上げよう。

ウィロー・パターン　日本では柳文様、柳絵手、柳皿、比翼の皿などとも呼ばれる意匠。イギリスの銅板転写の製品もしくはそれを写した日本製のものなどがある。デザインに若干の違いがあるが、島のある水辺の風景に楼閣、そして二羽の鳥というモチーフが共通する。中国清時代の青花磁器の影響で、一七八〇年ごろイギリスのトーマス・ミントンが考案した銅板転写のデザインが、コーリー窯で採用されたのが始まりといわれる。以後、一九世紀初めには多くの窯で生産され、現在まで繰り返しリヴァイヴァル製品が生産されている。ウィロー・パターンは、中国の悲恋物語をもとにオランダでつくられた意匠であるという説があるが、この物語は、一九〇〇年ごろのイギリスのアーネスト・ブラマーという作家による創作であるというのが実状のようである。

この説明は、明らかに先に見た加藤唐九郎編の大辞典を意識し、批判したものである。確かに、説明がかなりまともになってきている。柳模様のデザインがトーマス・ミントンによるというのは、すでに述べてきたように正しいとはいえないが、オランダ人が案出したという説よりは、かなりまともである。柳模様物語は中国の悲恋物語ではなく、イギリス人が創作したものだというのも正し

63　オランダ製の柳模様。
典型的な柳模様である

64　フランス製の柳模様。
典型的な柳模様である

い。しかし、一九〇〇年ごろというのは、これまでの本書での説明が正しければ間違いだろう。アーネスト・ブラマー Ernest Bramah（一八六八〜一九四二年）は、当時はそれなりに人気のあった作家のようで、この大辞典の執筆者の念頭にあるのは、一九〇〇年以降に発表されたある中国人を語り手とする一連の小説『カイ・ルン物語』のようである。そのなかに柳模様物語と似たような話があるのかもしれないが、これも先に見た通り一八四九年にはすでに柳模様物語が成立している。したがって、もしこの小説中に、柳模様物語に似たような物語があるとすれば、むしろアーネスト・ブラマーがすでにあった柳模様物語を借用したということだろう。このように、日本では専門家でさえかなりあやふやな知識しか持っていないのである。

柳模様研究の先駆者

ところが、日本での柳模様を調べていくうちに、実に興味深い事実が判明した。二〇〇三年に美濃焼の産地である岐阜県の瑞浪《みずなみ》陶磁資料館というところで「郷愁のウィロー・パターン」という企画展が開催されていたことが分かった。これもインターネットのおかげであって、インターネットがなければ気がついていなかったであろう。それはともかく、展覧会のパンフレットの在庫がまだあるとのことだったので早速取り寄せてみた。これを見ると、「ウィロー・パターンは英国の銅版彫板師トーマス・ミントンが描き、シュロップシャー地方のコーフリィ陶磁工房で制作されたのが最初とされ、一七八五年頃から本格的な生産が始まったとされる」とある。ここでも先の『角川日本陶磁大辞典』と同じく、トーマス・ミントン説を採っている。ところが、このパンフレットはこの大辞典とは違い、柳模様物語が『ファミリー・フレンド』という雑誌に一八四九年に掲載されたことを正しく指摘しているのである。このパンフレットの執筆者は明記されていないが、参考文献から判断して、その内容は神戸市立博物館学芸員の岡康正氏の業績に依拠したものと判断できる。岡氏が直接執筆されたか、少なくとも監修しているはずである。

実際、このパンフレットの参考文献に挙げられている岡氏の論文「ウィロウ・パターンの起源と変容について—一八世紀輸出陶磁史の一視点」(『神戸市立博物館研究紀要』一号、一九八四年)を取り寄せて読んでみたが、私の推測に間違いはなかった。上記のパンフレットがこの論文に基づいて書かれたものであることは間違いない。この論文は、トーマス・ミントンが柳模様を描いたとしつつ、その際参考にしたであろうと思われる中国の磁器製品を追跡したものである。柳模様にかなりよく似た中国の磁器があり、それを参考にトーマス・ミントンが柳模様を描いたというわけである。すでに紹介したように、こういう試みは欧米の研究者の間でも行われてきたが、決定版を探すのはなかなか難しそうである。おそらく決定版に肉薄はできても、決定版にたどり着くのはまず不可能であろう。とはいえ、こうした努力は正当に評価されるべきである。

先ほどのパンフレットには、柳模様物語が紹介されているが、この論文には『ファミリー・フレンド』に掲載された柳模様物語の抄訳が見える。パンフレットの柳模様物語はこの抄訳の要約のようである。ただし、この論文がもとにしているのは、『ファミリー・フレンド』に掲載された柳模様物語そのものではなく、第二章で紹介した『ファミリー・フレンド』の柳模様物語を採録したと称するアレクサンダー・モーニングの『柳模様の皿の物語』に収録された柳模様物語ではないかと思われる。そうだとすると、両者には細部において若干相違がある。

問題は、こういう業績が日本の専門家の間で無視されてきたということである。岡氏が先ほどの大辞典の柳模様の項を担当していれば、柳模様についてもう少しまともな説明がなされていたであろう。明らかに執筆者の選択を誤ったといえよう。概していえば、地方の研究者の業績は無視されがちである。かくして誤った情報が垂れ流しにされたままになっているのである。

2　日本製の柳模様

日本における柳模様の生産

日本で柳模様が作られるようになったのはいつの頃からなのか。これが実はよく分からない。先ほどの岡氏の論文によれば、明治一〇年頃に佐賀県の有田で柳模様の模倣品が製造されていたという。さらに、「現在の多治見市、土岐市、瑞浪市周辺の磁器窯で明治時代中期に銅板転写染付でウィロウ・パターン皿が製造された」とある。

『ガストンのブルー・ウィロー』によると、一八八〇年代後半から日本製の柳模様がアメリカに輸出されていたという。したがって、日本での柳模様の生産は遅くとも明治時代の初めには行われていたと、まずはいうことができそうである。

ところが、つい最近大阪の堺で、江戸時代の商家跡から、オランダ製のワインボトルや、中国やイギリスの絵皿などが出土した。これらは一八世紀後半から一九世紀初めのものだという。そして、そのイギリスの絵皿とは、なんと柳模様だったというのである（asahi.com 二〇〇七年三月七日）。柳模様は一八世紀末のものであるから、時期的には無理のない話である。とすると、明治時代よりももう少し早くから、日本でも柳模様が生産されていた可能性もあるだろう。

有田や岐阜県の美濃地方を中心に、日本でも柳模様が生産されていたわけだが、『ガストンのブルー・ウィロー』によれば、モリヤマ、サカキバラ、ハクサンなどのメーカーが確認できる。メーカー名が分かるものでは圧倒的にモリヤマが多いが、大部分はメーカー名は不明である。このように、柳模様を生産していたメーカーは、かつては日本でもかなりあったようだが、現在日本で柳模様を製造しているのは一社のみのようである。

ニッコーの「山水」とその物語

金沢の中心部、兼六園あたりから、車で三〇分ほどの所に松任という所がある。現在は白山市となっている。そこにニッコーという、かつては硬質陶器を専門に、現在は電子セラミックやバスタブなども製造しているメーカーがある。その工場並びにショールームがＪＲ松任駅のすぐそばにある。ニッコー社のご厚意で工場を見学する機会を得た。ここでは柳模様ではなく、「山水」の名前で製品を出荷しているそうである。「山水」、つまり柳模様の製造工程は、かつてのイギリスでの製造工程と同じものだという。すなわち、転写である。写真（図版65、66）にあるように、あらかじめ山水＝柳模様を印刷した転写紙を焼き上げた陶器に貼り付けることで文様を陶器に写すのである。

こうして文様を転写された陶器に釉薬を塗り、さらに焼成することで完成品となる。ニッコーで山水を製造し始めたのは一九一五年からだという。

さて、この「山水」＝柳模様であるが、いただいたパンフレットには、この文様は「中国のある富豪の娘、祝英台が貧農の息子、梁山泊と恋仲になり、許されぬまま二人で湖水に身を投じたという物語」をモチーフにしたものだとある。そして、「プレート上部に描かれた二羽の鳥は、二つの若い魂が、永遠の愛に結ばれて空を飛んでいる情景を表現したもの」であるという。

この物語は、明らかに本書で紹介してきた柳模様物語とは異なる。さらに、実は「山水」の文様（図版67）は典型的な柳模様の文様と同じではない。明らかに異なる点

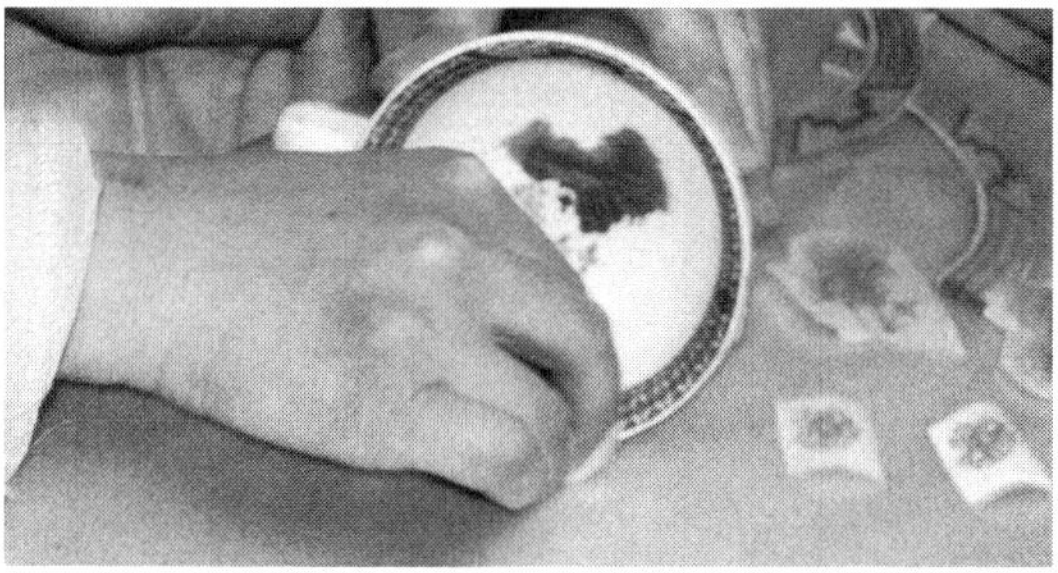

上：65　転写のための柳模様を印刷した紙。これを陶器に貼り付ける
下：66　転写用の紙の貼り付け作業

67　ニッコー社製の「山水」。橋の上には三人の人物が見えるが、左辺上部に島がない

が一つある。典型的な柳模様には左辺上部に邸宅のある小さな島が見えるが、「山水」にはこの島が見あたらない。山水が表しているという物語は、中国では知らない者はないといっても過言ではない「梁山伯と祝英台」という大変有名な物語である。しかし、パンフレットの示唆する物語と、この「梁山伯と祝英台」の物語とはやや中身が異なる。この物語は、まず何よりも祝英台の男装の物語である。話の舞台は女性が学問をすることなど許されない東晋の時代である。そこで、祝英台は男装して男子ばかりが学ぶ塾に通う。そこにいたのが秀才の誉れ高い梁山伯である。二人は仲良しになるが、あくまでも男同士の仲である。事情があって祝英台は家に帰ることになり、自分が女であることを梁山伯に教えようとするが果たせない。祝英台の家に招かれて、梁山伯は初めて祝英台が女であることを知る。しかし、その時にはすでに祝英台には大金持ちの婚約者がいた。二人の結婚は許されることはなかった。かくして、結婚を許されなかった梁山伯が病死し、その墓を訪ねた祝英台が墓に飛び込むと、そこから二匹の蝶が飛びだし、楽しそうに舞っていた（武田雅哉『楊貴

妃になりたかった男たち』講談社選書メチエ、二〇〇七年参照）。パンフレットでは梁山伯が梁山泊となっているが、これは単なる誤植で意図的なものではないだろう。

こうしてニッコーの柳模様、つまり「山水」には、これまでの柳模様に関する説明とはまた別な説明が必要なようである。しかし、ニッコー社の社史を見ても、ニッコーが「山水」を手がけるようになった経緯や、「梁山伯と祝英台」の物語を取り入れた経緯は全く分からない。一九一五年頃に山水の製造を始めたようだということが分かるだけである。ニッコーは、今は白山市に本社があるが、もともと金沢市内に工場があり、戦前には韓国の釜山《プサン》に本社を置いたこともある。そんなこともあってか資料が散逸してしまっているようである。

「山水」のルーツを探る

では、柳模様に関する文献によって謎を解きほぐしていこう。ここでも、先ほど参照した『ガストンのブルー・ウィロー』が役に立つ。ここには七二八点の柳模様が紹介されているのだが、このなかに「伝統的柳模様以外の柳模様」を紹介する章がある。本書でも柳模様にはいろいろあると述べてきた。本書が扱ってきた柳模様は伝統的なもので、もっとも人気を博したものだが、これがすべてではなく、多くのヴァリエーションがあった。「伝統的柳模様以外の柳模様」では、それらのヴァリエーションを紹介している。ここにイギリスのブーズズ Booths 社製の柳模様（図版68）が紹介されている。これぞまさにニッコーの「山水」である。ブーズズ社は一八九一年に操業を開始した。柳模様を製造し始めた時期は正確には分からないが、遅くとも一九一二年には製造していたようである。このブーズズ社の製品を日本の業者がコピーしたのである。そのマークはDouble Phoenix（図版69）であった。「対の不死鳥」とは、ニッコーの製品のマークである。つまり、ニッコーはブーズズ社の柳模様をコピーし、「山水」として販売していたということである。ニッコーが山水を製造し始めたのは一九一五年頃とのことであるから、時期的にも符合する。

もっとも、ニッコーがなにゆえに、ブーズズ社の柳模様を採用することになったのかは分からな

68　ブーズズ社製の柳模様。やはり島がない

69　ニッコー社の Double Phoenix マーク

い。また、この文様にまつわる物語として、なにゆえにいわゆる柳模様物語ではなく「梁山伯と祝英台」を採用したのか、またその物語を「山水」の絵柄に合うように変えたのが誰なのかも不明である。

日本における柳模様の受容

ニッコーは、「伝統的柳模様以外の柳模様」を製造することになったわけだが、すでに挙げたモリヤマやハクサン、あるいはサカキバラ（図版70）が製造していたのは伝統的な柳模様である。モリヤマは静岡県に森山焼があるので、あるいはそのあたりのメーカーだったのかもしれない。ハクサンは、私はてっきりニッコーのブランドではないかと思っていたのだが、そうではないようである。ニッコー社のスタッフに九州のメーカーではないかとの指摘を受けた。

70　サカキバラ製の柳模様。典型的な柳模様である

このように、日本には少なくとも二種類の柳模様が入ってきたのだが、今日まで残ったのは「伝統的柳模様以外の柳模様」で、しかも「梁山伯と祝英

台」という中国の民話をモティーフとする「山水」という名の柳模様であった。

二、三年前に地元の放送大学で講義をする機会があったが、その時集まった年輩の学生諸君にニッコーの「山水」を見せたところ、半数近い方々が家にもあると声を挙げた。さすがはニッコー社のお膝元だけはあると思ったのだが、柳模様物語については全くご存じなかった。学生のみなさんが私の話す物語を興味深く聞いておられたのが印象的であった。

イギリスで生まれた柳模様は、日本では中国の悲恋の物語を表す中国風の文様として生まれ変わり、今日に至っているようだ。

日本製の柳模様に関しては、他にも、九谷焼の柳模様があったとの情報もある。

以上のように、日本と柳模様との関係については、日本への導入の経緯などをもう少し調べて、別に報告する必要があるかもしれない。

おわりに

柳模様という文様を持った陶磁器が、イギリス社会で生まれ、大いに人気を博し、さらに世界中に広まりもしたわけだが、いうまでもなく中国風の文様は柳模様だけではなかった。ではなにゆえに柳模様だけがもてはやされたのであろうか。考えてみれば不思議である。

柳模様には謎が多いとたびたび述べてきた。これも一因かとは思われるが、陶磁器の文様などは、むしろ誰が案出したのか分からない方が普通ではなかろうか。少なくとも、そういう謎を持った文様は柳模様に限らないだろう。しかし、その文様に物語がついているという文様はきわめて珍しいだろう。しかもよくできた物語である。おそらく、この柳模様物語を獲得したことが、柳模様という文様の人気を決定付けたのではなかろうか。すでに述べたように、いつ誰が、どういう意図を持ってこの物語を創作したのか、全くもって分からない。こうした謎めいた点も、今述べたように柳模様人気の一つの要因であるのだが。

本書において、柳模様の誕生、イギリス社会での認知と広がり、そしてその黄昏を追ってきたことになる。こういう仕事は、おそらくイギリス人自身には思いつかなかったであろう。また、柳模様に示された中国観の歴史的な意義を探るという発想も彼らには思いつかなかったであろう。彼らにとって、柳模様はあまりにも身近なものだったからである。

こういうと、イギリスの人々を貶めているように聞こえるかもしれないが、もちろんそういうわけではない。ヨーロッパの磁器は中国の磁器の衝撃によって生まれたのだが、この中国磁器の文化的衝撃を世界史的観点で探るという研究が現れたのは、文化史家ロバート・フィンリーが「工芸の巡礼」(『世界史ジャーナル』一九九八年)というまことに印象的なタイトルの論文でいうように、ようやくつい最近のことである。ましてや、陶磁器の文様の意味を世界史的観点から探るなどという試みは、おそらくこれまで見られなかったはずである。柳模様についてはまちがいなくそうである。

この柳模様の中国イメージは、東洋と西洋の出会いの複雑さ、豊かさ、おもしろさを十分に伝えてくれるであろう。

あとがき

本書の書名は、角山栄先生の名著『茶の世界史』(中公新書、一九八〇年)をいささか意識したものである。学生の頃『茶の世界史』を読んで、茶で世界史を語るという発想の斬新さに魅惑され、こんな本が書ければなあと思ったものである。読者が本書によって『茶の世界史』のようなワクワクするようなおもしろさをほんの少しでも感じていただければうれしい限りである。

柳模様に取り憑かれて、ほぼ一〇年になる。とにかく分からないことが多すぎて、これは結局ものにならないのでは、と思ったこともあるが、ようやくなんとか一冊の書物にまとめることができた。この間、もちろん多くの方々のご尽力を賜った。「異人さん研究会」の面々(北から、北海道大学大学院文学研究科武田雅哉教授、富山大学人文学部立川健治教授、同斎藤大紀准教授、京都大学大学院文学研究科杉本淑彦教授、大阪大学大学院文学研究科竹中亨教授)には、格別にお世話になった。このメンバーによる科研(研究代表者武田雅哉「近代の日本・西洋・中国における外国人イメージの総合的研究」、平成一六年〜平成一八年）でのイギリス、中国への調査旅行が、私の研究に大いに刺激を与えてくれた。また、今回も大修館書店の小笠原周さんにお世話になった。この前もそうだったのだが、本書も小笠原さんの編集者としての腕に大いに助けられた。

本書は、東西の文化の往還を描いたことになるが、いつかまたその往還のなかに別の材料を持って我が身を置きたいものである。

金沢の自宅にて

東田雅博

http://www.wedgwoodmuseum.org.uk/willow.htm
Biddulph Grange Garden, National Trust, 1992.
http://www.the-river-thames.co.uk/bridges.htm
Mary Frank Gaston, *Gaston's Blue Willow*, third ed., Paducah, Kentucky, 2004.
Llewellynn Jewitt, *The Ceramic Art of Great Britain*, London, 1883.
A. H. Church, *English Porcelain : A Handbook to the China Made in England During the Eighteenthcentury*, London, 1885.
Geoffrey A. Godden, *British Pottery & Porcelain 1780-1850*, London, 1961.
Geoffrey A. Godden, *An Illustrated Encyclopedia of British Pottery and Porcelain*, New York, 1966.
Mrs. Archibald Little, *Intimate China : The Chinese as I have seen them*, London, 1899.
Mrs. Archibald Little, *In the Land of Blue Gown*, London, 1901.
Edwin John Dingle, *Across China on Foot*, New York, H. Holt, 1911.
D. E. Mungello, *The Great Encounter of China and the West, 1500-1800*, Lanham, 2005.
Robert Bickers, ed., *Ritual and Diplomacy*, London, 1993.
David Martin Jones, *The Image of China in Western Social and Political Thought*, New York, 2001.
http://www.asiaticpheasants.co.uk
Roderick Hunt & Alex Brychta, *The Willow Pattern Plot*, Oxford, 1999.
Robert Finlay, "The Pilgrim of Art : The Culture of Porcelain in World History", *Jouanal of World History*, Vol.9, No.2, 1998.

引用文献一覧

本文初出の順に掲載（欧文文献のみ、邦語文献はすべて本文中に示す）

Hugh Honour, *Chinoiserie : The Vision of Cathay*, New York, 1961.
Oliver Impey, *Chinoiserie : The Impact of Oriental Styles on Western Art and Decoration*, New York, 1977.
Dawn Jacobson, *Chinoiserie*, London, 1999.
Anna Jackson & Amin Jaffer, ed., *Encounters : The Meeting of Asia and Europe, 1500-1800*, London, V&A Publication, 2004.
Craig Clunas, ed., *Chinese Export Art and Design,* London, Victoria and Albert Museum, 1987.
Mrs. Willowghby Hodgson, *How to Identify Old China*, London, 1905.
Jane Turner, ed., *The Dictionary of Art*, London, Macmillan, 1996.
Robert Copeland, *Spode's Willow Pattern and other Designs after the Chinese*, London, 1999.
http://www.britannica.com
Everyman's Encyclopaedia, Vol.12, 5th ed., London, 1967.
The Dictionary of National Biography, on CD-ROM, Oxford, 1998.
A Guide to the English Pottery and Porcelain, London, British Museum, 1910.
Bernard Watney, *English Blue and White Porcelain of the Eighteenth century*, London, 1973.
Alexander Morning, *The Story of the Willow Pattern Plate*, London, At the Dela More Press, 1952.
Judith Johnson, *The Willow Pattern*, London, Barrington Stoke, 2004.
F. St. George Spendlove, "The Willow Pattern : English and Chinese", *Far Eastern Ceramic Bulletin*, vol.8, 1956.

59,60　筆者撮影

61　Roderick Hunt & Alex Brychta, *The Willow Pattern Plot*, Oxford, 1999.

62　『連環画報』1989年10月号，52頁

63,64　Mary Frank Gaston, *op. cit*., plate 421, 423.

65-67　筆者撮影

68　Mary Frank Gaston, *op. cit*., plate 508.

69　筆者撮影

70　Mary Frank Gaston, *op. cit*., plate 291.

［カバー表］　Robert Copeland, *op. cit*., p.119
前掲『懐かしの上海』新装版，82頁

［カバー裏］　http://www.equinoxantiques.com

25 *Notes and Queries*, no.3, November 17, 1849.

26 Lionel Lambourne, *Japonisme*, New York, 2005, p.116.

27,28 Mary Frank Gaston, *Gaston's Blue Willow*, third ed., 2004, plate 545, 561.

29 *Punch*, August 8, 1898.

30 *Penny Illustrated Paper*, January 1, 1898.

31 *Far East*, New Series, vol.1, 1876.

32 小堀倫太郎編『懐かしの上海』新装版，国書刊行会，1995年，82頁

33-38 筆者撮影

39-41 Mary Frank Gaston, *op. cit.*, plate 198, 199, 227.

42 筆者撮影

43 *Illustrated London News*, January 4, 1902.

44 http://www.gutenberg.org/etext/13420

45 *The Times*, August 14, 1937.

46 *Ibid*., September 4, 1976.

47 http://www.asiaticpheasants.co.uk

48 ロイヤル・パビリオンのポスト・カード

49 Anna Jackson & Amin Jaffer, ed., *Encounters : The Meeting of Asia and Europe, 1500-1800*, London, V & A Publication, 2004, p.359.

50,51 筆者撮影

52 Robert Copeland, *op. cit*., p.22.

53 ポートベロー・マーケットのパンフレット

54 筆者撮影

55 グラッドストーン窯業博物館のパンフレット

56,57 筆者撮影

58 Craig Clunas, ed., *Chinese Export Art and Design*, London, Victoria and Albert Museum, 1987, p.46.

図版出典一覧

口絵　Robert Copeland, *Spode's Willow Pattern and other Designs after the Chinese*, 1999, p.119.

1　*Punch*, October 1, 1887.

2　Dawn Jacobson, *Chinoiserie*, London, 1999, p.150.

3　*Ibid*., p.100.

4　Osvald Sirens, *China and Gardens of Europe of the Eighteenth Century*, New York, 1950, Plate 134.

5　Hugh Honour, *Chinoiserie : The Vision of Cathy*, New York, 1962, Illustration 22.

6　*Ibid*., Illustration 23.

7,8　http://www.equinoxantiques.com

9　Oliver Impey, *Chinoiserie : The Impact of Orieatal Styles on Western Art and Decoration*, New York, 1977, p.130.

10　*Ibid*., p.129.

11　*Ibid*., p.11.

12　Robert Copeland, *op. cit*., p.34.

13　http://www.replacements.com/webquote/RW_BLDR.htm

14　Robert Copeland, *op. cit*., p.198.

15　*Ibid*., p.119.

16,17　Game of the Willow Pattern Plate, F. G & Co., LLC.

18-20　筆者撮影

21　Oliver Impey, *op. cit*, p.152.

22　http://www.classicartrepro.com

23　*Punch*, vol.9, 1845.

24　*Punch*, vol.15, 1848.

［著者紹介］

東田雅博（とうだ　まさひろ）

1948年、大阪市生まれ。富山大学人文学部教授を経て、現在、金沢大学文学部教授（西洋史学）。博士（文学）。著書に、『大英帝国のアジア・イメージ』（ミネルヴァ書房、1986年）、『図像のなかの中国と日本―ヴィクトリア朝オリエント幻想』（山川出版社、1998年）、『纏足の発見―ある英国夫人と清末の中国』（大修館書店、2004年）、論文に「文明化の使命とアジア―ヴィクトリア時代におけるインド、中国、日本のイメージ」（『思想』811号、1992年）、「ある英国人婦人と反纏足運動」（『史学研究』242号、2003年）等がある。

柳《やなぎ》模様《もよう》の世界史《せかいし》――大英帝国《だいえいていこく》と中国《ちゅうごく》の幻影《げんえい》

NDC209／xii, 215p／20cm

初版第1刷――2008年6月10日

著者――――東田雅博《とうだまさひろ》

発行者――――鈴木一行

発行所――――株式会社大修館書店

〒101-8466 東京都千代田区神田錦町3-24

電話　03-3295-6231(販売部) 03-3294-2353(編集部)

振替　00190-7-40504

［出版情報］http://www.taishukan.co.jp

装丁者――――山崎　登

印刷所――――三松堂印刷

製本所――――ブロケード

ISBN 978-4-469-23247-9　Printed in Japan